我輩氏のニーハオ中国 II

千葉県議会議員
近藤喜久夫

発刊に当たって

千葉県議会議員
近藤　喜久夫

前著「ニーハオ中国」を発行しましたが、あれから早四年、その間に、京葉タイムスに連載し、書き留めたものを「我輩氏のニーハオ中国Ⅱ」として再び発行する運びとなりました。

今回は、チベット、九寨溝〜シャングリラ、内モンゴル〜黒竜江省の中国北辺の地、河西回廊からシルクロードを纏めてみました。中国旅行記を書くと、読後感として難しかったとよく言われます。その原因を探ってみると、地名や人名などの固有名詞の漢字の読み方が難しいこと、そして、時代によって中国の地図上の領域が変わったり、歴史上の出来事の発生順序が混乱してしまうことでした。

そこで、今回は、年号を入れる工夫をしたり、また、生意気ではありますが、孫に語るような口調の文体にしてみました。お気障りの点はご容赦願います。

さて、私の政治生活も、あっという間に三十有余年になりました。しかし、振り返ってみると大きな変化がありました。三十年前と現在とを比べてみますと、千葉県の人口は四百万人から六百万人、市川市は三十二万人から四十六万人となりました。とりわけ行徳地区は二万人から十六万人と飛躍的に伸びました。

この変化は、数々の施策の必要性を招きました。学校教育施設や社会教育施設の充実、道路や橋や下水道の建設、さらには福祉や環境に対する施策の充実等実に多くのことをやってきました。

いま、市川市は、南北交通体系の整備ということで、外かん道路の建設や、三・四・一八号線の貫通工事が行われております。伴って、私が十五年も前から提唱してきた（仮）妙典橋も、やっと本設計に漕ぎつけ、数年後には工事着工の見通しがつきました。今後とも、実現に向け努力いたします。この三十年の間、実に多くの先輩諸氏のご指導に与りましたこと、厚く御礼申し上げます。

近況

堂本知事と県政を語る（知事応接室で）

最近における、市川市内の政治課題は多岐に渡っております。外かん道路、京成線連続立体化、その他交通、治安、三番瀬、下水道敷設、環境、福祉、教育問題などです。

とりわけ、三番瀬問題については、私は、自民党千葉県連において「(通称）三番瀬」問題検討委員会委員長として、党内意見をとり纏めました。それを基に、千葉県議会が設置する「三番瀬問題特別委員会」の場において、堂本暁子知事に質問、要望をしてまいりました。(二〇〇六・七・一〇)

その後、知事に面会する機会を得、上記諸問題に触れ、特に漁業問題や妙典架橋については、その重要性と必要性を訴え、更なるご理解を得るため対話を深めました。今後とも、一層の努力を重ねてまいります。

尚、自民党千葉県連は、県民与党として、是々非々の立場で県議会に臨んでおります。

近藤喜久夫

「ニーハオ中国Ⅱ」発刊を祝って

市川市長
千葉　光行

二〇〇二年十月、近藤喜久夫千葉県議会議員の栄えある藍綬褒章受章を機に、市議会議員時代から長年京葉タイムスに連載してきた旅行記の中から中国編を一冊の本に纏めた「ニーハオ中国」を出版されました。

それから四年、中国の市場経済はさらなる深化を遂げ、市場競争は国内にとどまらず、グローバルな規模に展開しています。中国へ生産拠点を移転した日本企業、中国を訪問する日本の旅行者は年間三〇〇百万人を超えるようになりました。

そうした一方で、愛国主義や民族主義の高まりの影響もあってか、日本の実像が十分理解されずに、サッカー・アジアカップでの反日感情の露呈や、反日デモに揺れた時期もありました。

その間も、旅行記、中国探訪のレポートは綿々と綴られ、京葉タイムスへの連載は実に二〇〇回を数えようとしています。

このたび出版された中国旅行記「ニーハオ中国」続編では、前編同様に中国の古典や詩歌、人物を題材として豊富な話題が展開され、また、それぞれについて丁寧に解説されています。著者の長年の造詣の深さが行間ににじみ、一朝一夕には得がたい貴重な情報に溢れています。日頃多忙な政務の傍ら、ここまで深く詳細に調査され、このように一冊の本に纏め上げるというご努力やご苦労に思いを廻らせますと、感銘、感動、尊敬の念に堪えません。

本書のオリジナリティーに満ちた内容に、読者の日中文化の相互理解をさらに深め、中国大陸の歴史、文化に関する教養にいっそうの磨きがかかるに違いないと確信しています。是非、一読をお薦めします。

出版をお祝いして

衆議院議員
（衆議院千葉県
第五選挙区）
薗浦　健太郎

「ニーハオ中国」の続編の出版を心よりお慶び申し上げます。

三年程前、近藤先生から「ニーハオ中国」初版本を頂きました。中国の名所や旧跡、現状が、まるで丁寧に描写され、歴史的考察も加えられているため、情景が脳裏に浮かんでくる作品でした。

先生が指摘されたように最近の中国は猛烈な勢いで発展しており、北京五輪、上海万博を控え、さらなる発展が望まれております。一方で、中西部や山間部など発展の遅れた地域との格差は著しく拡大し、社会的矛盾も生じており、政治的課題は益々大きくなっています。

他方日本との関係は、政冷経熱といわれるように経済関係に比べ、政治的関係が必ずしも良好ではありません。両国の政治的関係を再構築するためにもお互いの歴史文化を理解することは重要です。

先日、私も中国を公式訪問し、唐家璇国務委員や若手の政治家らと会談してまいりました。「日本も中国も、国益ということを考えながら外交を行っており、全ての摩擦がさけられるわけではない。しかし、人対人のつきあいがきちんとあれば、政治的にどのような状況になったとしても、対話のチャンネルが確保できる。そのための人間関係を築いていこう」という認識で一致しました。

この考え方を、実践されておられるのが近藤先生であると思います。永年にわたり培ってこられた中国との交流関係をさらに深めて頂くことをお願いし、ご挨拶とさせて頂きます。

近藤喜久夫先生「中国旅行記」出版に寄せるお祝いのことば

・自由民主党
総括副幹事長
・衆議院議員
（衆議院千葉県第六選挙区）
渡辺　博道

近藤喜久夫県議会議員には、この度「中国旅行記」を出版される事になりました。心より、お祝い申し上げます。

また、日頃の多忙を極める政治活動の中で、30回にならんとする「中国訪問」の都度、見聞きされた事柄を「そこが知りたい！　ニーハオ中国」と題し、地元京葉タイムスにて連載執筆されておられることに、敬意を表する次第でございます。

「ニーハオ中国」の中の見聞録は、現在中国の知られざる一面が手に取るように分かる内容ということで、大変好評を博しておられます。マスコミで語られる「靖国問題」でのかたくなな中国しか理解されていない方にとっては、必見の著書とご推薦申し上げます。

さて、近藤先生は市川市議会議員5期を経て、県議会議員として3期を重ねておられますが、一貫して地元市川のため、数ある課題の中で特に「妙典橋」架橋問題に永い間取組んでこられました。交通渋滞の緩和など交通網の整備は単純に生活の利便性を高めるばかりでなく、今日では、スムーズな流れはCO_2の削減にも一助となると同時に、何よりも防災上の観点からも有意性が評価されると思います。

近藤先生中心に活動した努力が近い将来実を結ぶことに大いに期待いたします。

また、国の政策の中の「地域と都市の再生」を目指す一環として水辺の再生、とりわけ水質汚濁の改善、都市における自然環境の保護、みどりの保全にも積極的に取り組む先生とこれからも力を合わせ各種問題、課題に臨んで参りたいと考えております。

結びに近藤先生の今後益々のご活躍とご健勝を祈念申し上げ、お祝いのことばとさせていただきます。

祝辞

・前参議院議長
・参議院議員
倉田　寛之

千葉県議会議員・近藤喜久夫さんが藍綬褒賞を受章された時、これを機に中国旅行記「ニーハオ中国」を出版されましたが、さらにこのたびは続編の「ニーハオ中国Ⅱ」を出版されましたことは誠に喜ばしく、心からお祝いを申し上げます。

周知のように近藤さんは市川市議会議員の重責を果たしたあと、平成7年から県議会議員として活躍、私も公私にわたってお世話になりながら、ふるさと千葉の発展のため共に政治の場で頑張っています。

近藤さんが中国を三十回近くも訪問し、鋭い感性と洞察力で、現代中国の現状は勿論、中国四千年の歴史が育んだ文化や自然の妙を書き綴った本書を上梓され、私たちに居ながらにして手に取るように読み感動させていただけますことは本当に有り難いことです。

日本ではまだ縄文時代であった頃に、すでに偉大なる文化を持っていた国〝中国〟の素晴らしい魅力は近藤さんと同じように私も感じており、青春時代「三国志」は私の愛読書でもありました。その影響もあり、曹操の漢詩「われ病に伏すといえども、その志千里にあり」から、私は「志在千里」を座右の銘として一意専心国政の場で働かせていただいています。

近藤さんとご縁のある人々だけでなく、多くの方達に本書をぜひお読みいただき、一衣帯水の中国への理解を深めていただけたらと思います。

終わりに近藤さんの今後ますますのご健勝・ご活躍と民際外交の展開を祈念しつつ、お祝いの言葉といたします。

『ニーハオ中国』続編の発刊を祝って

参議院議員
椎名　一保

　敬愛する近藤先生が、中国に興味をお持ちの原点は、高校・大学時代に古代中国の書法を学んだことにあるとお聞きしております。

　先著『ニーハオ中国』で、各地の歴史・風俗・町並み・食べ物の味から一般的市民の生活費に至るまで、優しい目と耳を使って細かく記述されていることが良く理解できます。

　共に千葉県議会議員の頃、時間を見つけては、先生自ら資料を確かめ、一語一句、丁寧に推敲して原稿を作成する姿を何度も拝見しております。読者もそこにいるような気持ちにさせる名著が上梓された理由がここにあります。先著は、北京・成都・上海・大連・重慶・武漢などを訪問されたときのものでありますが、歴史好きの私は三峡下りと三国志の旅の項を、一気に読んだことを記憶しております。内容も硬軟適度に、著者の力量を感じさせる好著であります。

　これから中国のことを学ぼうとする人、中国通の方にとっても、大いに参考になる書物であると思います。

「満州とは本来、地名ではなかった」「日本民族のルーツとも考えられる倭族」「蜀犬日に吠ゆ」のくだりも勉強になりました。

　最近は、『日本人が殆ど行かないところ』の中国行をされておられるとのことですので、『続編』の誕生で、私が『知らない中国』を勉強できることを楽しみにしております。

発刊に寄せて

千葉県議会議員
石井　準一

近藤喜久夫県議会議員は、曾祖父が千葉県議会議員を、祖父が南行徳村長を務めるなど政治家の家系であり、自身も33歳で市川市議会議員となり5期務め、その実績をもって県議会議員になりました。近藤県議が県議会議員に初当選した平成7年4月以来、私と同じ会派のメンバーとして様々な活動を行ってきました。

日々の活動の中で、地域の発展にかける情熱とその理論性に着目してまいりましたが、特に中国の歴史や書、漢詩に関しての造詣の深さに驚かされることが多々ありました。その謎が、平成14年に発刊された「ニーハオ中国」を拝見して分かりました。歴史的に関係の深い隣国である中国に度々渡り取材を重ね、その的を得た時代を認識する慧眼、また時にユーモアのある文章を楽しく読むことができました。また定期的に文章を書く事の厳しさ、近藤県議の多忙さを知る私は、京葉タイムスという地域紙にこの記事を休む事なく連載したというエピソードを読み、とても感服しました。この度その続刊である「ニーハオ中国２」を発刊されるとのこと、お祝いを申し上げるとともに楽しみにしております。

私事ではありますが、この度多くの皆様のご推挙をいただき第21回参議院通常選挙千葉県選挙区から国政を目指すこととなりました。近藤県議と共に千葉県の発展を目指す所存ですので、皆様のご支援をお願い申し上げます。近藤県議には、政界で、また執筆で、今後益々のご活躍を祈念致します。

「ニーハオ中国」第二刊の出版を祝して

・千葉県指定
伝統的工芸会会長
・㈲中台製作所
代表取締役
中臺　實

近藤先生の、行動力には日頃より感服いたしておりましたが、今回の「ニーハオ中国」の第二刊出版のお話を聞き、行動力に加え、地道な努力に感激致しました。

近藤先生と日頃、お話させて頂く折、市民と共に、市民のためにと熱く語られ、その精力的な活動に心動かされ今日まで、ご協力、応援をさせて頂いております。

長年提唱されてこられた妙典架橋の要望が、着実に実現に向かっていることは、近藤先生の行動力と地道な努力が、実証された訳であります。

そうした、永年の功労が認められ藍綬褒章を受章された事は近藤先生を長年ご支援申し上げて参りました私にとっても大変嬉しい事でありました。

初版の「ニーハオ中国」は、日頃の優しい眼差しと洞察力で、庶民の暮らしが、ご自身が撮影された写真も添えられ素晴らしい一冊で、中国に旅した事のない私も楽しく拝読させて頂きました。

第二刊も私を壮大で奥深い中国へと誘ってくれることでしょう。

近藤先生の益々のご活躍を祈念致しております。

合議制のもと後援会を運営

近藤喜久夫後援会会長
根岸　忠雄

16年間の長期に渡り後援会長として近藤県議を支えて頂きました関口祐司様が今度後進に道を譲るということで勇退されることになりました。皆様ご承知のように関口前会長はその幅広い人脈と素晴らしい指導力を発揮され、後援会組織の充実と拡大を図り、市議会議員でありました近藤さんを平成7年に施行された県議会の選挙に挑戦させ、見事に当選を果たしました。その功績は絶大なものであります。このような立派な前会長の後任として、役員会理事会の推薦を受け私が会長を務める事になりましたが、もとより浅学非才の身であり責任の重さを感じている次第であります。幸いにも、新役員の皆様にも一致団結し協力するからとの言葉を頂きました。これからは「和を以って貴しと為す」何事も合議制をもってあたり、皆が互いに補い合い助け合う協力姿勢をもち、また、後援会活動を通し、より良い人間関係を作っていければと思っております。今後は皆様と心をひとつにして、会勢の増強に努力してまいります。どうぞ、更なるご指導、ご鞭撻を賜りますようよろしくお願い申し上げます。私と近藤さんの出逢いは、青少年相談委員活動から始まりました。その近藤さんが市議会に出るという事で最初の選挙から関わりをもち今日に至っております。35年間の付き合いになります。共に活動を続ける中、友情が芽生え、友人から親友へと変わりました。私にとってはかけがえのない友であります。今般、近藤さんが長年、政治に関わってきた視点から中国訪問記を纏め「ニーハオ中国Ⅱ」として出版される事になりました。友として大変うれしく思います。真面目、誠実、勤勉家の近藤さん、益々のご活躍を祈念致します。

CONTENTS

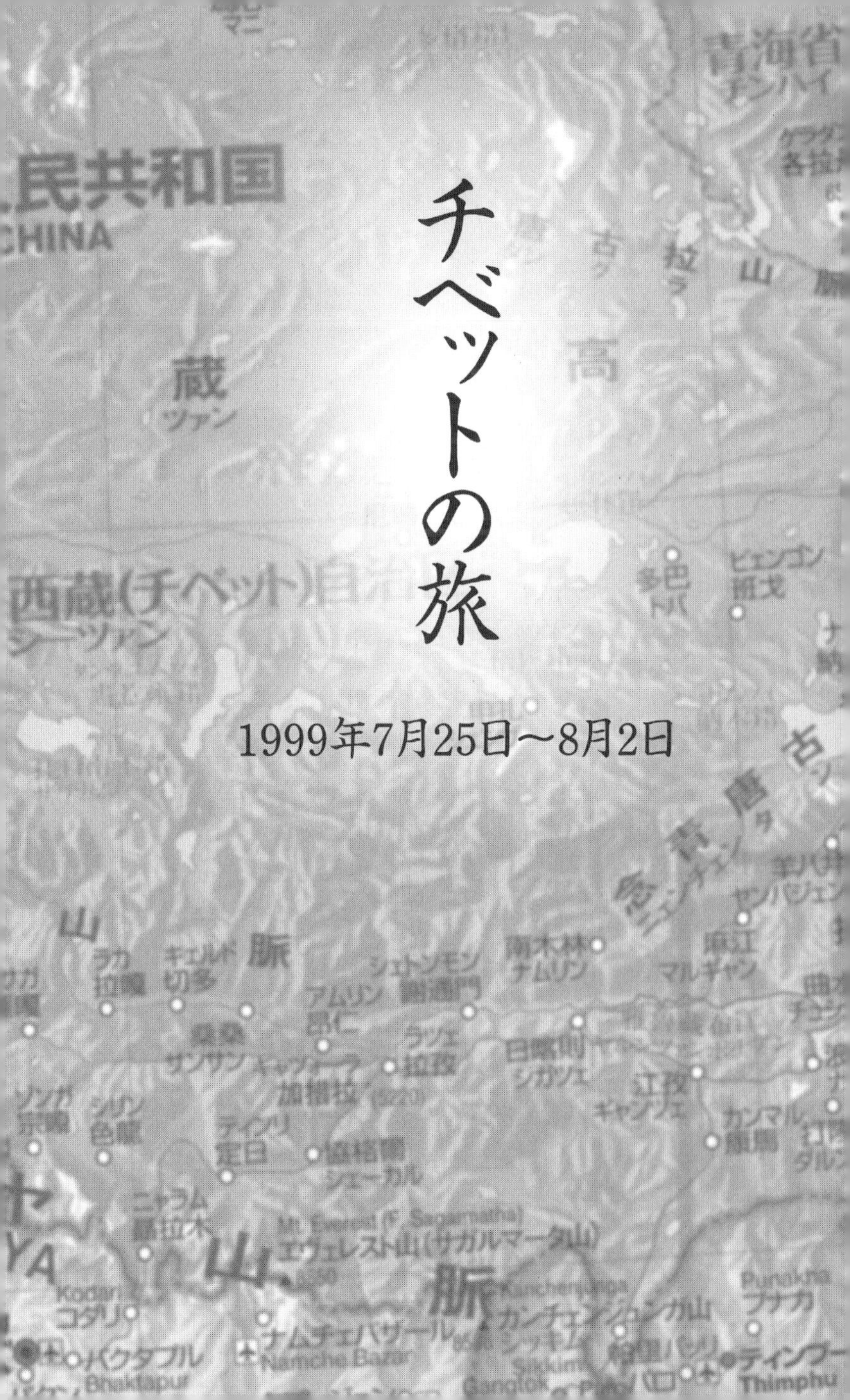

チベットの旅

1999年7月25日～8月2日

チベットを訪ねる

　このシリーズを長年書いているが、時として難しいとの指摘を受ける。その都度、意識的にやさしい記述に変えているつもりだが、また、いつのまにか難しくなってしまう。

　考えた結果、今回から文体を変えてみることにした。そこで、これまで私が主人公となって書いてきたが、今回から〝我輩氏〟に登場願い、彼の口から語ってもらおうと思う。我輩氏の出身地はわからない。方言混じりの標準語を使う。

　さて、前回我輩は、今回からチベットについて語ると約束した。

「岩手県は日本のチベットだ」なんて言うけど、そのチベットって何だと思う?。そうなんだ。山間僻地の代名詞なんだ。（岩手県の人には申し訳ない）

　本当のチベットは、中国の自治区の一つで、中国南西部にあるんだ。正式には、西蔵自治区と書く。面積は二八ある省、自治区の中で新《しん》彊《きょう》維吾爾《うぃぐる》来自治区に次いで二番目に大きいのだ。一二〇万㎢以上というから我国の三倍以上だ。だけど人口密度は二人ということで、都市部にしか人間は居ないって感じだ。昔はもっと大きかった。北東の青海省や四川省西部、雲南省北西部が含まれていた。青蔵地区といって、面積は二〇〇万㎢以上あったんだ。

　今は、西蔵自治区として、中国の支配下にあるが、七～九世紀にかけては、その頃、唐と称した中国と対立する強大な国家だったんだ。吐《と》蕃《ばん》といわれてた。

　栄枯盛衰とはいいえ、はかないよなァー。吐蕃だけじゃない。モンゴルだってそうだ。蒼い狼チンギス・ハンに率いられたモンゴル軍は、アジアからヨーロッパにかけて一大帝国を築いた。それが今では、子犬のようにおとなしく、中国に内モンゴル自治区まで獲られて、中央アジアの草原に押しやられてしまった。

チベットは、山また山の国だ。しかも岩肌むき出しのはげ山が殆んどだ。緑があっても草だけだ。でも、湖は多いぞ。それも鏡のように澄んでいて綺麗だ。標高は高い。平均四、五〇〇〇m位ある。ラサ市のあたりだって富士山のてっぺん位の高さだ。だから、気圧は低い。その証拠にチベットへ入る前に成都（四川省）のホテルで出された菓子袋が、最初はガサガサのベコベコだったんだが、飛行機でラサに着いたら、写真のようにパンパンのコロッコロにふくれあがってしまった。

誰かが、顔の〃シワ〃もこんなふうになればいいねといってたが、そりゃ無理だ。

さて、吐蕃時代に最盛を誇ったチベットも、九世紀の初め頃から教団社会の指導者が国政の中心となったんだ。そして、戦をやめ、仏教をとり入れ、寺を建て、仏像を造り、訳経に専念した。これが吐蕃王朝崩壊の引き金となったんだ。平和のためならいいじゃないか。その後は仏教教団が繁栄していった。今日でもその伝統をしっかり受け継いでる。

歴史的にはいろいろあったんだが、チベット仏教は今日では、ゲルー派（黄帽、徳行の二派）とカルマ派（紅帽、黒帽の二派）の二大派閥に分かれてる。両派とも後継者は転生活仏として世襲される仕組になってるんだ。

現在、ゲルー派の指導者、ダライ・ラマは中央と政治的に対立し、インドに亡命してる。また、カルマ派の若き指導者カルマパもどうしたことか、今年（二〇〇〇年）の初めインドに亡命してしまった。新聞で報道されたから、読んだ人もいるだろう。

チベットに着きパンパンにふくれ上がった菓子袋

ネタンの摩崖大仏

ラサの空港を出ると、出迎えのバスが待ってた。現地のガイドは、我輩の首に何やら白い布を掛け、両肩から垂らしたのだった。〝カタ〟という名のものだと言った。歓迎と旅の安全を祈る意味があるそうだ。幅五〇㎝、長さ二m位のシルクで出来た白い、薄いスカーフのようなものだ。本当は、高僧から祝福してもらう時に持参して首に巻いてもらうのだそうだ。ま、どちらでもいい。歓待してくれた気持が伝わってきて、嬉しく思ったよ。

空港から首都のラサまでは一〇〇㎞以上もあって、バスで二時間以上かかるんだ。バスはヤルザンプ川に沿った舗装道路を走った。舗装道路といったって、日本のそれを連想しても当たらない。アスファルトの簡易舗装程度だ。だから、ガタガタ振動が伝わってくるんだ。

ガイドは「これから先、ラサを離れると道は悪くなりますよ」と説明したが、これまで中国各地を旅して経験済みだから、こと更に感じなかった。しかし、初めての人はびっくりするだろう。時々、道ゆく人に出くわすが、チベット族の衣装を着てる。日本のドテラのような着物だ。「チュパ」というんだそうだ。

人家のあのあたりでは、「タルチョ」という祈祷用の旗をよく見かける。家の屋根や塀の上、道端、あるいは小高い山のてっぺんなんかに掲げてある。それらは、竹竿や葉っぱのついたままの竹にくくりつけられてる。中には、切り通しの道の両側の岩の頭に張られた綱にくくられて、道路を横断してるのもある。中国とはいっても、中央部とは全く違った文化なんだ。

道路脇には樹木はあるんだが、山は皆禿山だ。

表層は土をかぶっているんだが、見えるのは草の緑だけだ。岩山だからなのかなァー。中学生位の時に教わった扇状地というのが所どころ、それとすぐ分かるように見えた。改めて、ヘェーって感心したよ。

ヤルザンプ橋を渡り、右へ曲ると直ぐに「曲水」という街に出る。ここには軍事施設があるんだ。軍用トラックが長い隊列をなして走ってくるのとすれ違った。言葉は古いが威風堂々って感じだったな。

更に進むと、交通事故の現場に出くわした。中国の田舎で見る事故は、大袈裟なのが多いな。ここのもそうだった。

中国では、対向車が迫っているにも拘らず、対向車線に出て追い越しをする車が多いんだ。この事故も、追い越しにかかった車を避けそこなって起きたんじゃないかと思うよ。ワンボックスカーが、路肩から脱輪して道路脇の溝に頭を突っ込んでる。そのすぐ後に大型トラックが追突するようにして脱輪してるんだ。運転手同士が派手な口喧嘩をしてたな。どこでも同じだなァ。それを取り巻いて見物人が群がってた。

ネタンの摩崖大仏というのがあった。水辺に面した崖にオレンジ色の僧衣をまとった大仏座像が彫られてるんだ。左側には三体の脇仏が彫られてた。崖の上からは綱が張り降ろされ、それにタルチョがいっぱいくくられてた。チベットならではの仏教的雰囲気を感じたよ。

ネタンの摩崖大仏

慧海とチベット

ネタンの摩崖大仏を過ぎると、ラサまではあと小一時間だ。きのう成田を発ち、成都で一泊し、いまチベットに居る。あっという間に来てしまった。だけど、昔は大変だったんだ。何しろ交通の便は悪い。インドを回るか、蒙古を回るルートしかなかった。その上、チベットは厳重な鎖国を敷いてたのだ。それでなくても、ここへ来ること自体困難を極めたんだ。

そんな中でも、禁を犯して越境した人が何人かいた。その我国の代表格が、明治三〇年代にチベットに入った河口慧海という偉い坊さんだ。

彼は、仏教の原典を求めたいという純粋で真摯な気持ちで行ったんだ。仏教の発生地インドには、もはや原典がなく、ネパールやチベットにしかなかったからだ。

この旅で我輩一行は、二日間で来てしまったが、慧海は、単身で三年もかかってるんだ。その顚末は、彼の「チベット旅行記」にくわしい。ここでは、それをかいつまんで紹介しよう。難儀な旅だった。

慧海は、求道者の立場で一念発起したのだが、まわりの人は反対した。そりゃ当然だ。その頃のチベットは、未知の野蛮国で生きて帰ることはできないと思われていたからだ。それを押し切り、慧海は周到な準備にかかった。先ず、インドに渡りチベット語を勉強した。それを、六、七ヶ月で、仕上げたのだ。頭がいいよなァー。その間にチベットの国情や入路の下調べもした。インドからチベットへ行くには、いくつかのルートはあるんだけれど、どれにも関所がある。ない所には番兵が見張りをしているので通れない。結局、ネパールを横切りチベットの西の方、マナサルワ湖の近くに入り、ラサを目指して戻ってくるというコースだ。空気の稀薄な高地で、一日、一、〇〇〇㎞西に迂回し、また一、〇〇〇㎞戻ってくるという気が遠くなる道のりなんだ。いくら求道の目的とはいえ、我輩のような凡人には無理な話だよ。

関所のある所や、番兵のいない所を選んでこうなったのだが、それでも道のない所を踏破していくんだ。当然、険しい山や谷、原始林や川を越えていかなきゃならない。猛獣もいる。それだけでも大変なのに、世話してもらった道案内人が、人殺しや盗人の前科があったりして、神経がすり減ってしまう旅なんだ。

川を渡る時は氷のような水の冷たさに、入っても一瞬岸辺に跳ね戻ってしまう。それでも丁字油を身体に塗り、胸まで水に漬って渡り切ると、手も足を痺れ切ってしまうそうだ。泊まる所もなく、降りしきる雪の中で夜着を着て、坐禅を組みながら一夜を明かしたこともあったという。飲み水を求め、やっと池に辿りついたらその水は真っ赤。小さな赤い虫が一杯いたんだ。それを布で濾して飲んだが非常にうまかったそうだ。景色は素晴らしい。例えばこうだ。「夕日に反射し珊瑚色に輝く峰々は、夕日がだんだん山の端に入るに従い黄金色に変じそれも束の間に薄らいで白銀《しろがね》色になる」と書いてある。

食事は、ヤクという牛のような動物の乾いた糞を拾ってきて火をおこし、お茶を沸かしてそれに麦焦しやバターを入れ、塩味をつけて食べるんだ。そんなことを思っているうち、ラサに着いた。街の中心のロータリーで金メッキのヤクの像が迎えてくれたよ。

ラサのポタラ宮

〝神の国〟ラサを訪ねる

ラサ（拉薩）は盆地だ。車の排気ガスが停滞していて、空気が悪いと聞かされてきたが、それほど感じなかったよ。慧海の旅行記を読むと、もっとひどい。

彼の話によると、一〇〇年も前のことだが、ラサには、街の真ん中に深い溝が掘ってあった。それは共同トイレで、住民ばかりでなく、旅行者も大小便をたれ流した。老若男女を問わずだ。溝の縁には人糞が列をなしていた。用便のあとは拭かないでそのままだ。冬はさほどでもないが、夏になると街中に臭気が漂った。雨でも降ろうものなら、どろんこの道に融けた人糞が流れ出し、汚いことこの上ない状態だった。

その糞は、犬の餌になるんだが、犬だって喰いきれたもんじゃない。新しいものから喰っていくんだが、喰いきれないものはどんどん溜まっていく計算だ。

さらに慧海はいう。「糞の中、糞の田圃を堂々たる都の道路として歩くような不潔な所はないだろう」と。

ところが、ラサという地名は、神様や仏様の住む処で、非常に清浄な土地。つまり神の国という意味があるんだ。何とも皮肉な話だ。そんな前置きはもういい。いまでは全く異うんだから。

ラサは、標高三、六五〇ｍで富士山よりちょいと低い位だ。だから、成都から飛行機で来て降り立つと一瞬くらっとする人もいるんだ。面積は、三万㎢で九州より一回り小さいって感じだ。中心部の面積は屋久島位で人口は約二〇万人。チベットの人口の九％位が住んでる。

歴史は一、三〇〇年余りだ。前にも言ったが、七世紀から九世紀の吐蕃王国時代には強大な勢力を誇り、一世を風靡した。最初の統一王朝の国王ソンツェン・ガンポという人がラサへ遷都し、紅山の上に王宮を築いた。

吐蕃滅亡後は、権力闘争と戦乱の時代が八〇〇年も続いたんだ。十七世紀にダライ・ラマ五世が再統一して、紅山の王宮の跡地にポタラ宮を建設した。さらに、今に残るガンデン寺やデプン寺、セラ寺などもこの頃出来たという話だ。

第二次大戦後は、中国人民解放軍がラサを占拠し今日に至ってる。この間にダライ・ラマ十四世はインドに亡命し現在もそこに居ることは世界がよく知ってることだ。

このラサは、チベット族の住む区域と、漢民族の住む区域とは分けられてる。チベット族の住むところはジョカン（大昭寺）を中心とする狭い区域なんだが、ここはいわゆる旧市街地で、各地からジョカンをめざして巡礼に来るチベット族で毎日にぎわってるんだ。街には、チベット様式の白壁の家が並んでる。

漢民族の住むところは、近代的なビルが建ち並び、道路も広く真っ直ぐで、街の様子もガラッと変わってる。ラサの地図をみると、名所旧蹟が点在してるが、昔は、太くもない曲りくねった道を辿ったんじゃないかと思うよ。それが今では、その近くまで広い道が直進してるんだ。官庁、体育館、銀行などは広い道路に面していて、最近造られたことがわかるな。

チベットの旅

ラサのチベット人街

ダライ・ラマの宮殿

一風変わったラサの街並みに見とれながら、バスでホテルに向かった。先入観は、時として現実離れした空想を生むもんだ。これまで聞きかじった知識からして、木賃宿程度のホテルを想像してたんだ。着いてみて、はっと我に返ったよ。ホリディーインと提携して造った西洋式の立派なホテルだった。拉薩飯店というんだが、客室が四六八室もある大きなもので、ラサでは第一級のホテルだそうだ。

玄関を入ると広いホールがあって、表面には、ジョカン(大昭寺)のシンボル、金色臥鹿の像が飾ってあった。割り当てられた部屋に入って椅子に腰かけたら、なんとなく頭が重かった。高地のせいかな。メキシコへ行った時は標高二、〇〇〇m位なのに息苦しくて夜は寝苦しかった。赤道直下で暑かったせいかもしれないな。ここは富士山の頂上くらいの高さだが、そんなことはなかった。

次の日は、ノルブリンカ(羅布林卡)という宮殿に行った。バスでひとっ走りの距離だ。あとから地図でみたらホテルの斜め後ろだった。真っ直ぐに行けずバスはぐるっと一回りしたから、地図で見るより遠く感じたんだな。

ノルブリンカというのは、ダライ・ラマの離宮なんだ。チベット暦の四月から九月までの間、ダライ・ラマはここで過ごすことになってる。最初の離宮は、一七四〇年代に、ダライ・ラマ七世が造った。以後は歴代のダライ・ラマがその都度造営し、増やしていったんだ。

現在、インドに亡命しているダライ・ラマ十四世は、「永劫普遍の宮殿」という意味をもつタクテン・ミギョ・ポタンを造った(写真参照)。

七つある宮殿のうちでも一際目だって大きい。新しいだけに見栄えがするんだ。普段でもダライ・ラマ十四世はここで生活してた。外見はチベットの建築様式だが、内部はまるっきり西洋式のホテルだって話だ。そこにはダライ・ラマ十四世が少年の頃、ロシアから贈られたラジオや、インドのネール首相から贈られたレコードプレーヤーなども飾ってあるそうだ。そういえば、「セブンイヤーズ・イン・チベット」という映画の中で、ダライ・ラマがこれらの贈り物と、興ずるシーンが出てくるな。

ノルブリンカは広い。恐らく東京の日比谷公園の四〜五倍位はありそうだ。敷地内には動物園なんかもあるんだ。しかし、鹿しか目につかなかった。チベットの珍獣なんかいやしない。

陽射しは強いんだが、暑いわけでもない。着込んで冬のような格好の人もいれば、逆に半袖でもいられるんだ。何とも不思議な気候だ。

敷地の一角で、音楽を奏でてる現地の若者たちがいた。長袖のチベット服の上に白いドテラのような分厚い衣服を右の肩と腕を除いて身にまとっていた。裾は膝位まであって、腰のあたりで紐でたくし上げてる。ギターのような弦楽器、笛、シンバルなどをめいめいが持ち、賑やかにリズムを取って楽しそうに踊ってる。見物人も一緒に踊っていいんだ。我輩一行の女性たちも加わって踊ったよ。でもこの楽団、どっかで見たような気がするな…。そう、メキシコ・シティへ行ったことがある人だったらわかると思うが、例のマリアッチを連想させるんだ。

七つの宮殿で一際目立つタクテン・ミギュ・ポタン宮殿

チベットのシンボル　ポタラ宮殿

山の斜面に巨大で異様な建物が威容を誇ってるんだ。ポタラ（布達拉）宮だ。チベットへくる前、旅行案内書に載ってる写真を見て、神秘的なものを感じた。是非行ってみたいと思ってたから、実物を見て感激したよ。

この宮殿の前身は、七世紀に観音の化身と崇められていたソンツェン・ガンポ王が、マルポ・リ（紅山）の上に王宮を築いたのに始まるんだ。その宮殿をポタラと呼んだ。ポタラとは、南インドにある観音菩薩の住む山の名だ。

現在のポタラ宮は、十七世紀にダライ・ラマ五世が、紅山の王宮の跡地に造てたものなんだ。造るのに五〇年以上かかったという話だ。宮殿は山の斜面に沿って城塞をなしてる。

高さ一一五m、東西三六〇m、南北三〇〇mという巨大な建物だ。ポタラ宮は、中央部分が紅色で紅宮と呼ばれてる。その下の方、両翼には白宮があるんだ。

正門を入ると、いろんな雑貨を商う小さな土産物屋が並んでる。これからポタラ宮に登ろうという時だから買う気にもならなかったな。

白宮に登るための長い石畳は、高地のせいもあって疲れる。急いで登ろうとすると息が切れるし、目まいもする。眼下に広がるラサの街を眺めながら気を紛らわせつつゆっくり登るんだ。入口を入っても、また売店がある。それだけ見学者が多いということかな。

ポタラ宮には、一、〇〇〇以上の部屋がある。だけど、自由に見ることはできない。そのうちの一部を見学コースに従って見ることになる。宮殿の中は、薄暗く、傾斜のきつい、部厚い板で出来た階段を這うようにして登るんだ。

白宮は、ダライ・ラマの住居があり、政務を執る場所だ。同時に俗世間に通じる場所でもあった。白宮の屋上は紅宮の三階に接続してる。

紅宮は、宗教行事を行う場所で、歴代ダライ・ラマの霊塔があるんだ。一階にあるダライ・ラマ五世の霊塔は豪華だ。高さ一五ｍで、五ｔの黄金で出来てる。一、五〇〇個ものダイヤモンドやメノウなどの宝石がちりばめられてる。

この紅宮で一番神聖な場所は、四階にあるパクパ・ラカン（聖観音堂）だ。冒頭に言ったソンツェン・ガンポ王が築いた王宮の遺構だそうだ。中に白壇の観音像が安置されてる。また、宮殿の中には、ダライ・ラマ一世〜十三世までの全て金箔の像が安置されてる。

階段を登ったり降りたりしながら、これらの室をまわるんだが、途中の板の間の広間には、マニ車が置かれてる。大きさは、我輩の記憶では、高さ七〇㎝位、直径三〇㎝位の円筒で、中心に回転軸が入ってる。

それが部屋の壁に沿ってずらりと並んでるんだ。五〇個位あったろうか。中には経巻が入ってる。それを回しながら歩き、先へ進むんだ。右回しでないといけない。逆だと経巻を終わりから読むことになる。つまり、一回転で経巻一巻を読んだことになるんだ。どこの国でも横着なことを考えるもんだな。

屋上からのポタラ宮広場の眺めは素晴らしい。対面に薬王山、その両袖にも山があって壮観だ。ポタラ宮は、正にチベットのシンボルといえるな。

紅宮の屋上、突き出たのは歴代ダライ・ラマの宝塔の屋根

ヤムド・ツォ湖を訪ねる

ラサ（拉薩）の見学場所はもっとあるが、日程の都合で先へ急ぐことになった。

朝十時、バスで拉薩飯店を出発し、ヤムド・ツォ（羊卓雍錯）という湖を目指した。移動はもっぱら自動車を頼るしかないんだ。でも、この方がグループを掌握するのは楽だ。

市街地はそんなに広くないな。ホテルを出て間もなく街を通り過ぎてしまった。道路は二車線で舗装してある。たまに、黒塗りの高級車ともすれ違うが、大抵はトラックやワンボックスカー、それに自転車に引かれたリヤカーなどだ。人は自転車や馬の背中に乗って往来する。荒野の中の道を大きな荷物を天秤棒の両端に掛け、担いでたった一人で歩いてる人などをみると、何とも侘しいな。

ラサを離れても舗装道路はしばらく続くんだが、やがてとんでもない悪路になろうなんて想像も出来ない。沿道に見える山は、禿山ばかりだ。しかし、道路際や平地には木はある。岩山だから木が生えないのかな。

道路は山と山の間の荒れた平原に通ってるんだ。山国といっても、道路から見る視野は開けていて圧迫感はないな。左手にヤルザンプ川が出てきたり、見えなくなったりする。殺伐とした風景の中に水が現れると安らぎを感じるな。切り通しの崖のてっぺんを結んだ綱にタルチョという旗がくくられてる。経文が印刷された祈祷用の旗だ。チベット族は敬虔な仏教徒なんだ。馬に乗った五～六人のチベット族がやってくるのが見えた。ロバよりも一回り大きい位の小さな馬だ。チベット族は馬に乗るのが好きだという話だ。皆帽子をかぶってる。軽快にパカパカと、それでものんびりした感じだ。どこかの国のようなせせこましさはない。

　おととい、空港からラサへ向かった道を逆に走ってるんだ。曲水の街を通り、ヤルザンプ川にかかる橋を渡って、ギャンツェ（江孜）の方へ右折するんだ。橋詰の石柱のところに、哨兵が立ってた。近くに軍事基地があるから警備が厳しいんだな。

　暫く走って、ゴツゴツした岩山が道路の近くまで迫り、道の反対側が川といったところでバスは止まった。ガイドは、「トイレ休憩です」というので、バスから降りてみたが、トイレらしいものなんかないんだ。ガイドは、「男性はバスの右へ、女性は左へ行って用を足して下さい」って言うんだ。人によって男は慣れてるからいいが、女性はびっくりするよな。

　牛が放牧されてるところを通り、小さな集落を通り、進むにつれ、道は悪くなってきたんだ。道路の崖は、日本のように吹き付けて被覆されてない。剥き出しの岩のもろい部分が崩れ落ちて、道路の半分位まで占領していたりする。そんな崖で、上の方が被り気味（オーバーハング）の下を通るときなんか、ひやひやもんだ。

　道はだんだん高い方へ向かう。同時に砂利道になった。上から見下ろす谷を流れる川には、河岸段丘というやつが見える。こんなところで地理のおさらいをするなんて思わなかったな。峠を越えたら急に目の前が開けて、下の方に五色の川面が見えた。川と思うほど細長かったが、ヤムド・ツォ湖の一部だそうだ。

竹にとりつけられたタルチョ

チベットの五色沼 ヤムド・ツォ湖

「ヤムド・ツォ湖」。耳慣れない変な名前だと思うだろう。中国語を当てはめると「羊卓雍錯湖」となるんだが、ヤンチョウヨンツォと読む。それをどうしてか、ヤムドクと読ませる。我輩はヤムド・ツォと記しているが、そう読ませる本もある。納木錯という湖があるが、これはナムツォと呼ばせてる。「錯」は「ツォ」だから、ヤムド・ツォといったにすぎない。

さて、このヤムド・ツォ湖だが、チベットの四大聖湖のひとつと呼ばれてる。しかし、現地では三大聖湖のひとつといってる。要するに、現地の事情に精通していないって言うことだな。

ヤムド・ツォ湖は、琵琶湖より一周り小さい。深くて深度は正確には測れないそうだ。碧藍の湖水は、見る角度によって様々な美しい色に変色する。それが周辺の山々と合い照らし美しさを競うんだ。日本の五色沼を大きくしたようなものかな。

湖の西北方向には、万年雪をかぶった山が二座ある。湖の中には、一〇指に余る山があって湖水を分けてる。わかりやすくいえば、この湖の形は、八手の葉か、海にいる人手（海星）のようなものだと思えばよい。だから湖面は細長く、その間にある山が湖の中にあるように見えるんだ。

背面の丘には、数個のケルンが積まれてた。頂上に立てられた棒の頭から張られた綱に、タルチョがくくられてたよ。現地人がその前で車座になって茶菓子をたべながらお茶を飲んだりして、レクリエーションの最中だった。

大きな平たい太鼓やシンバルのようなものを持ち、チベット族の装束をまとった七～八人の集団が、目の前の坂道を登っていった。全員が黒っぽい着物の上に白い腰巻、白い鍔びろの帽子、左肩からかけた赤いたすきといったいでたちだ。加えて、大きな白い袋を背負った人も何人かいた。何の行列かわからないが、チベットらしかったな。声をかけたらこっちを見たので写真をとらせてもらった。しかし、言葉が通じないので、また何事もなかったように登っていった。

次のビューポイントは、ヤムド・ツォ湖を見下ろす峠だ。曇っていたが絵のようにきれいだった。遠くから遊覧船が航跡を描きながら、こっちの港の方へ走ってくるのをずっと見てたんだ。晴れていたらどんなによかったかと思ったな。

今日の昼食は、バスケットランチだ。どんなものかと思ったら、パン、ゆで卵、バナナ、菓子、ジュースといったようものをボール箱に入れた弁当だった。何もない湖岸の原っぱで、弁当を広げた。すると、どこから現れたのかこどもたちが近寄ってきた。みると、遠くのほうから自転車に乗ったり、走ったりして集まり、その数はどんどん増える。たちまち取り囲まれてしまった。そして、食べ物をねだるんだ。我輩などゆで卵をひとつ確保するのがやっとだった。日に焼けたのか、垢で汚れているのか、こどもたちの顔は真っ黒だ。終戦直後の我国の子供のように、青っ洟をたらしてた。それを横なでするから袖口はテカテカだ。

美しいヤムド・ツォ湖

次の目的地ギャンツェへ到着

先にも言ったように、ヤムド・ツォ湖は複雑に入り組んでるんだ。だから、いくつもの湖が続いてるようにも見えるんだ。

何度か湖が見渡せる開かれたところを通ると、そんな所で小休止しながら進むんだ。湖畔の草むらには、ネズミなどがいて、地面に掘った穴から出たり入ったりしてる。

道はやがて、ヤムド・ツォ湖とも別れ、草原に出た。そう遠くないところに小高い山が連なって、馬が放し飼いになっていたりする。何とものどかな風景なんだ。こんな環境にいると、自然に心が広くなってくるな。

進むにつれ、風景はゴツゴツした岩山が多くなってきた。更に進むと、こんどは遠くに雪山が見えてきた。ヒマラヤ山脈の一部だ。ガイドは、あの山のむこうに「チョモランマ（エベレスト）があるんです。」と言った。カナダを連想させる風景だ。

バスは、カロ峠というところに出た。そこは大きな雪山の麓で、ケルンのてっぺんを結んで張られた綱に、赤、青、黄、白、黒の布切れが結ばれてた。かつて、テレビで見た雪男を誘い出す仕掛けを思い出したよ。

ここは、標高五、五〇〇mあるそうだ。少し早く動くと息切れがするんだ。こんなことは初めてだ。驚いたな。物売りの現地人がいて、さかんに勧めるんだが、買う価値のあるものなんてないよ。ご当地の石が珍しいと言って買った人もいたな。

更に、先を急いだ。日のあるうちにギャンツェ（江孜）に着かなきゃならない。そのうち、旅の初めにガイドが言ったように、とんでもない悪路にさしかかったんだ。砂利道は泥んこ道に変わった。何しろ、ドロンドロンのデレンデレンだ。通過する車はどれもタイヤをとられ、立ち往生してしまうんだ。そうすると、乗客は全員降りてバスを軽くするんだ。運転手は、めり込んだタイヤの前に土を入れたりして、四苦八苦して車を操るが、簡単にはいきゃしない。三〇分位悪戦苦闘してやっと通り抜けるありさまだ。

通り切れたバスに応援を頼み、我輩のバスは、ワイヤーで引っ張ってもらうことにした。ところが、前のバスが急発進したので、我が方のバスのフックがもぎ取れてしまったんだ。泣きっ面に蜂とはこのことだとしみじみ思った。脱出できた時は、乗客全員が思わず拍手をしたよ。

やがて、バスは幅三〇m位の川にぶつかった。ところが、右を見ても、左を見ても橋がないんだ。また立往生かと思ったね。そしたら、バスはおもむろに川の中に入っていったんだ。びっくりしたが、川は浅く、川底は岩盤だったので難なく向こう岸に渡れた。その間に、さっきどろんこになったタイヤがきれいに洗われていたんだ。全くうまくできてるよ。

右手の崖から水が浸み出してる。それが道路を渡って左手の川に流れ落ちるようになってる。そんなところは、一m幅位で道路を浅く掘って水路を作ってあるんだ。日本のように工事費にまわせる資金が少ないんだな。

やっと、次の目的地のギャンツェ（江孜）の街が見えてきた。悪路を思い返すと明るいうちに着けてよかったよ。

悪路で立ち往生するバス

山に囲まれた ギャンツェの街

ギャンツェ（江孜）の街に入った。周囲は山に囲まれていて、盆地みたいなところだ。中心街の英雄東路には、役所や郵便局、銀行などがあり、その付近はレストランが並んでる。建物は、二階建くらいの低層だが欧米風だ。

舗装された道路は、片側三車線はあるだろう。通行区分帯を示すラインは画かれてない。だから、車も馬車も、上下乱れて走ってるので日本人からみたら、無秩序であぶなっかしいんだ。だけど、彼らは慣れてるから、こともなげにスイスイ行き交ってる。

街の雰囲気は、ゆったりしていたな。歩行者はのんびり歩いてるし、広い歩道では持参のござを敷いてあぐらをかき、車座になって談笑したり、通りを眺めたりしてる。いつも、背後から何かに追いかけられるような生活をしている日本人からみると、何ともうらやましい光景だ。

この街の市街地は狭い。せいぜい、縦横一㎞くらいしかないんだ。東西と南北に走る道路が交差する十字路のあたりが中心市街地だ。だから、移動するにも徒歩で十分だ。こんな小さな街でも、チベットでは、ラサ、シガシェについで三番目に大きいんだ。パルコル、チョエデとよばれる「白居寺」で有名だ。

ギャンツェは、外国人にとっては、不便な街だ。ここへ来るには外国人旅行証が必要なんだ。行く前に旅行証の交付申請をするんだが、個人だとむずかしい。却下されてしまうこともしばしばあるってことだ。

バスに乗るにもそうだ。この街からインド方面へ行くバスには、外国人は乗せてもらえないんだ。この街を起点に、車をチャーターしようと思ったら、かなり難しい。車が少ないから一週間以上待たされたり、隣りの（といっても車で三時間かかる）シガツェから車をまわしてもらうので非常に高くつくんだ。

高台にギャンツェ城の残骸が見えてきた。十四世紀頃に建てられた、この地方の王の居城だったということだ。それが、一九〇三年にイギリス軍がこの地方に侵入してきた時、チベット軍は、この城を陣地として戦ったそうだ。

新兵器（火器）を用いるイギリス軍に対し、激しく抗戦したが、三ケ月で粉砕されてしまった。しかし、現地では負けたとは言わない。その後も、精神的には屈服しなかったので、イギリス軍は撤退した。従って我々の勝ちだと言ってるんだ。

歴史的にふり返ってみると、十八世紀後半から始まった、イギリスの東インド会社による植民地政策が、全盛期を過ぎ、インドにおける民衆運動が頭をもちあげてきた頃にあたるな。

やがて英貨排斥運動にもつながっていくんだが、そんな中で、イギリスは新しい活路をチベットに求めたのではないのかな。

チベットは、現中国になるまで、長く鎖国政策をとってきた。もともと仏教に深く帰依した山間民族で猜疑心の強い彼らは、ロシアやイギリスからの探検家が増え、キリスト教などの異教を流布されることを警戒してとった政策だそうだ。だから、今でも外国人を容易に受け入れないんだな。

ギャンツェの街＝丘の上にあるのはギャンツェ城の残骸

白居寺の白亜の大塔

今日は、白居寺見学までが予定されていたんだが、昼間悪路につかまってしまったおかげで、その時間はなくなってしまった。

この日、ギャンツェ飯店というホテルに泊まった。ここでは最高のレベルのホテルだ。しかし、大きいだけで古いから設備もよくない。全室シャワー、トイレ付きというふれこみだったから期待してたんだが、イメージとは全く異なる状態だ。シャワーがあるといえば、バスタブでもあって、風呂に入れるのかなと思ったら甘い期待だったな。バスタブは無い。シャワーはあったが、水しか出ない。足元には木製の半畳ほどの簀《す》の子《こ》が敷いてあった。その板は、黒ずんでいてぬらつく感じだ。だからこの日はシャワーも浴びなかった。

ホテルの売店には、けっこう珍しい物があった。ヤクの骨で作ったマージャン牌なんかもあったな。こんなところでの買い物は、結果的に絵葉書や地図などの安全牌を選んでしまうよ。

食堂は広い。何の飾り気もない、大きな教室のような部屋だ。中央にいろんな食べ物が並んでて、バイキング方式だ。肉類、麺類、饅頭やゆで卵、蒸かしたジャガイモにスープなどだ。ライスは、日本のように米が固くなくネバっこいので食感が悪い。ジャガイモはうまかったので、こっちで腹を満たした。

翌日、朝早くホテルを発って白居寺へむかった。寺の入口に直径三〇cm、高さ五〇cm位のマニ車がずらりと並んでいるんだ。朝の光に金色にまばゆく映えていた。これを手で回しながら進むんだ。

寺の前面は小石がゴロゴロしているだけの広

場で、日本の寺のように整備されてない。左側にパルコル・チョルテンという白亜の大塔、右側にパルコル・チョエデという大集会堂がある。背景の丘には、ギャンツェ城の城壁が連なっている。それらをバックに集合写真を撮ってもらった。

この寺は、今から六〇〇年前に、当時のギャンツェ王とギャンツェ在住の僧侶が共同で創建したんだ。その当時は、サキャ派に属していたんだが、後に他派も受け入れ、ゲルク派やシャル派などと共通の学問所として発展していった。この地方の仏教徒は心が広いのか、あるいはこんな小さな街で宗派毎に寺を建てるのは財政的に困難であったのかわからないな。

白亜の大塔は、複雑な多角形で、八階十三層、高さは三四mもある。中には、各種仏像が一〇万余尊安置されてる。だから別名「十万仏塔」ともいうんだ。仏像は、各階の部屋に仏画とともに安置されてる。それらを見学しながら上層へ昇っていくんだ。仏像も仏画もチベット独自の様式で極彩色で美しい。心を落着かせる雰囲気をそなえてる。異文化で育った我輩でも非常に感銘を受けたな。

頂の相輪の下には、巨大な仏眼が画かれていた。ネパールのカトマンズの「眼の寺」のものと同じだ。回廊の対面の山の尾根には、ギャンツェ城の城壁が左右に伸びてた。その山裾から手前に市街は広がってるんだな。

創建600年の白居寺

シガツェを訪問・知らない言葉が口から出た

白居寺の中をもう少し観たかったんだが、先を急がせられた。広場に出てみたら、建物の基壇に二人の老人が腰掛けて日なたぼっこしてた。二人とも帽子を被り、八月だというのにセーターなんかを分厚く着込んでるんだ。皺深い日焼けした顔。眼鏡の奥には三日月の目がこぼれ落ちそうだ。手には長い数珠。チベット人は敬虔な仏教徒なんだ。好々爺という言葉がぴったりの二人だ。孫だろうか、小学校低学年で色白のほっぺたの紅い女の子が、片方の老人の腕に抱きついてにこにこ顔で立ってた。何とも微笑ましい。我が日本も、こんな情景をとり戻さなきゃいけないと思ったな。

坊さんとすれ違いざまに、「オンマニペメフォー」と言ったら、向こうからも同じ言葉を返してきた。通訳が、「オンマニペニフン」ですと言い直した。

ところが、これには後日談があるんだ。その後、雲南省のシャングリラといわれるところの、松賛寺というラマ教の寺を訪ねた時のことだ。やはり、居合わせた坊さんに、「オンマニペメフン」と言ったら、今度は「オンマニペネフォー」と返されてしまったんだ。

これは、「六字真言」といって、漢字では「唵嘛呢叭咪哄」と書くんだ。「連華の花の宝珠に歓呼する」という意味のようだ。それにしても、坊さんとすれ違いざまに、どうして知らない言葉（六字真言）が我輩の口を突いて出たのか、今もって謎なんだ。

ギャンツェは束の間の訪問で終わった。バスは次の目的地のシガツェ（日喀則）へ向かった。また、砂利道と禿山ばかりの景色になった。でも、今までと変わって、沿道には木が多くなったな。

トイレ休憩で停車すると、例によってどこからともなくこどもたちが集まってくるんだ。そして、食べ物をねだる。気のいいガイドは、バスに戻って駄菓子やジュースを与える。こどもたちも慣れていて決してバスの中には入ってこない。ステップから手を伸ばして受け取るんだ。

少し離れて山があり、その間は平地で畑などだ。小川が流れていたり、放牧地があったり、草花が咲いてたりする。時々菜の花畑を通過する。輝く陽光に映えて実にきれいだ。農夫が二人、農作業の手を休めて木の下でお茶を飲んでた。無造作に置かれた傍らの大八車が何とも頼もしい。時間がのんびりと流れてる。こんなゆったりした気分は、数年に一度しか味わえないな。

灌木のトンネルを過ぎると菜の花の海が現れた。バスを止めてもらって写真を撮ったよ。みごとな群落だ。日喀則市の少し手前だった。

ふと、昔習った漢詩が浮かんだ。それをもじって下手な漢詩を作ってみた。

渡江復渡江
看花還看花
歓喜満郷下
不覚到喀城
(川を渡りまた川を渡る
花を見更に花を見る
田舎は歓びに満ちている
覚えず日喀則に到る)。

ガイドに見せたら、びっくりしてたな。中国にこんな詩があることを知らないようだ。昔習った漢詩とは、元末明初の詩人、高啓の「尋胡隠君」という詩だ。因みに城とは都市の意味だ。

チベットの旅

あたり一面は菜の花の海

最高級ホテル　日喀則飯店

シガツェ（日喀則）は、人口五万人程の都市だ。これでも全チベットで二番目に大きいんだ。中心市街地は東西南北とも一・五km位しかない。ゆっくり歩いて一巡りすれば、街の様子は大体わかってしまう。周囲は山に囲まれてる。街路樹のあるメインストリートは、片側三車線は優にとれそうだ。ギャンツェ（江孜）と似た佇まいだ。こんな小さな街にも映画館や芸術館、百貨店なんかもあるんだ。首都のラサ（拉薩）から二八〇kmも離れているんだから当然だな。

日喀則飯店というホテルに着いた。この街にある六つのホテルで最高級のものだ。案内書には、全室ホットシャワーにトイレ付きとある。なるほど、ギャンツェのホテルでは、シャワー付きとは書いてあったが、ホットシャワー付きとは書いてなかった。だから、水しか出なかったんだな、と変な納得をしたよ。

ホテルは重厚な感じだった。ホールの天井には、大きなシャンデリアが取り付けてある。二階の回廊の手摺りからは、幅一m、長さ二m位の部厚い見事な毛織物がずらりと並べて吊されてたな。どれも皆青地のバックで人物や宗教的絵が刺繍されてた。下の壁画には一杯にチベットの山岳風景が画かれてた。もっと圧巻だったのは、食堂だ。天井には単純な模様だったが、四角い毛織物が張り詰められてた。壁画の遠景には連山、その前面には大きな岩山が画かれ、右の中腹にはラサのポタラ宮、左の山裾にはご当地のタシルンポ寺が画かれてる。その前面は緑の平地だ。絵全体に夕陽が射しているように見えるんだ。ここでの食事は絵が味を引き立ててくれたな。

夕食が終わっても、まだ明るかったので街へ出てみることにした。開放路という道路を歩いていくと十字路があって、その一角は百貨店やビルになってた。ここは新市街地のようだ。西欧風あるいは漢民族風の街並だ。あした行くタシルンポ寺の辺りは旧市街地で、チベット風街並みだと言ってたな。

更に足を延ばして、自由市場へ行ってみた。テント街になってて、その下で衣類や日用品雑貨、装飾品、仏具などが売られてたよ。チベット人は数の概念がしっかり身に付いてない上に、売り値はかなりふっかけてあると聞いた。トルコ石のネックレスを取り上げ、売り子の女性に値段を聞いてみたら、一個一〇〇元だというんだ。一〇元に負けろといったが応じない。駆け引きの結果、二〇元で買った。そしたら、隣で見ていた売り子がすかさず、二個で二〇元でどうかと売り付けてきたんだ。それを買って最初の売り子に買い戻してくれといったら、商売は成立しているといって涼しい顔だ。

ホテルに戻って売店を覗いたら「青蔵地図」が売ってた。昔のチベットの地図で、今の青海省と西蔵自治区を合わせた珍しいものだ。是非、ほしいと思って男性の売り子に値段を聞いたら、一枚一五〇元だと言ったので、二〇元にしろといった。簡単には応じやしない。そこで、一〇枚買うから二〇〇元にしろと言ったら応じた。代金を払おうとしたら、別の男性がとんで来て丸めた雑誌で、いきなり売り子を殴りだした。「馬鹿、何やってんだ。それじゃ仕入れ値より安いじゃないか。飯の食い上げだぞ」と真剣に怒り出したんだ。結局、「青蔵地図」は買えなくなってしまった。残念なことをしたもんだ。

観光客で賑わう自由市場

敷地は三〇万㎡ タシルンポ寺

シガツェ（日喀則）というところは、交通の要衝なんだ。ラサからネパールへ行くには必ず通るところだ。シガツェというのは「土地が豊かな荘園」という意味で、チベット西南部の農産品の集積地でもあるんだ。

昔は、この地方を治める王の居城があったそうだ。自由市場の後の丘の上にその残骸がある。一九五九年以後、中国人民解放軍の手によって破壊されてしまったんだ。だから、元の姿を知る手がかりはないんだな。

ここには、タシルンポ寺という有名な寺がある。シガツェ観光の目玉だ。この寺は、ラサのダライ・ラマ政権と対立している、パンチェン・ラマが住持を勤める寺だ。

パンチェン・ラマ十世は一九八九年に亡くなり、今は幼い十一世が後を継いでる。ダライ・ラマ十四世は、ご承知の通り現在インドに亡命してる。

先にも書いたが、カルマ派の若き指導者カルマパも昨年（二〇〇〇年）インドに亡命してしまった。いま、チベット仏教界は、偉い人がみんな留守の状態だ。

タシルンポ寺は、歴代パンチェン・ラマの本拠地だ。十五世紀の中頃、ゲンドゥン・トゥプ（ダライ・ラマ一世）が創建した。その後、ダライ・ラマ五世の時代に僧院長だったローサン・チョエキ・ギャルツェンがパンチェン・ラマの地位を得てからラサと袂を分かったようだ。パンチェン・ラマとは、阿弥陀如来の化身だそうだ。最盛期には四、〇〇〇人の僧侶が居たそうだが、今では八〇〇人位だ。

山裾に広がるタシルンポ寺の威容をバックに

集合写真に収まり、寺院内に入った。敷地面積は三〇万㎡もある。そこにたくさんの殿堂や倉庫、大集会堂などが配置されてるんだ。殿堂の中は朱・青・黄（金）色などの極彩色の仏像や仏具、仏画などが配されてる。それが、殿堂毎にこれでもかといわんばかりに並べられてる。見ていて疲れを感じる程だ。恐らく一日かかっても見尽くせないだろうな。いくつか紹介しよう。

先ず、弥勒仏殿だ。ここには、金色の弥勒仏が安置されてる。頭部だけだ。即ち、床の首から天井の頭部の冠まで二六m以上もあるんだ。八階建てのビルの高さ位あるな。壁面一杯がご尊顔なので何とも異様な感じだ。これを造るのに一一〇人の仏師が四年もかかったという話だ。

次は、パンチェン・ラマ十世霊塔殿だ。一九八九年に亡くなった十世を祀ったものだ。霊塔は一一・五mと三階建てのビルの高さだ。中国とチベットの建築技術の粋を結集し、中国政府が一〇億円を投じて建立したものだ。塔の中には十世の遺体が納められているそうだ。基段中央には十世のふくよかな顔写真が置かれてた。

殿堂内の読経場は、荘厳だ。薄暗い堂内の正面には、何体もの仏像が並び、ろうそくの火に照らし出されてる。太い丸い柱が何本もむき出しだ。その間に一m幅位の長椅子が何列も配されてる。その上の絨毯に座り読経するのだ。あたりは、ろうそくの油の臭いが立ち込めてるんだ。神秘的だ。正面の仏壇に向かって幼児が親から五体投地（最高の祈りの方法）をさせられてたのが印象的だったな。

重厚なタシルンポ寺

チベット最大の川 ヤルンザンポ河

いよいよ、シガツェともお別れだ。この日は朝から雨だ。ホテルの部屋から日本へ国際電話を申し込んだが、出発までとうとう掛からなかったな。九時十五分、ホテルを発ってバスでラサへ向かった。五分も走らずに交通警察の検問を受けた。すぐ解放されたが、今日が悪い日でなけりゃいいな。

ふと、昨日行ったタシルンポ寺でのいろんな場面が思い返されてきた。寺の門のところに居た愛嬌のある若い修行僧、チベットの犬は獰猛ですぐ噛み付くと聞いてたが、ここの犬は寄り添って腹を出して寝てたな。厳めしそうな老僧、しかし、案外若いのかもしれないな。何しろ、チベットの平均寿命は三十歳ってことだ。白壁の建物に挟まれた路地を行く一人の僧。地中海沿岸の町を連想させるな。撮影に夢中な中国人カメラマン達。現場を離れると、遠い過去のことみたいに感じるから不思議だ。

バスは、ヤルンザンポ河に出た。チベットで最も長い川だ。三、八四〇㎞というから日本列島より長い。流域面積は二四万㎢というから、千葉県の四八倍の広さだ。この河は、ヒマラヤ山脈北側の六、〇〇〇ｍのところに源がある。だから、チベット語の意味は「最高峰から流れ下る水」というんだ。ヒマラヤ山脈に沿って北側を東西に流れてる。チベットの東の方で右に大きくヘアピンカーブをとってインドに入る。そこでブラマプトラ河と名前を変え、更に、バングラデシュに入ってガンジス河と合流する。だからベルガル湾に注ぐ河口はガンジス河なんだ。

ヒマラヤ山脈の北側を流れてるので、南側の湿った気流とは遮られ雨は少ない。だから「雨の影区」といわれてるんだ。でも水量は豊富だ。それは、多くの支流から集められる水があるからだ。岸辺には、肥沃な平地や谷が広がってる。ラサやシガツェはそんなところに発達した都市なんだ。

流域地区の平均海抜は四、五〇〇〇mというから、世界でも一番海抜の高いところを流れる大河だ。山と山の間をうねりながら流れてる。川沿いの悪路をバスはガタガタ言いっぱなしで走るんだ。

ヤルンザンポの濁流は、岩を噛み飛沫をあげて大暴れだ。川の右側は下りとなり、左側は上りとなる。巻き返して上下合流するといった具合だ。

岸辺にヤクの皮で作ったカヌーが立て掛けられてた。骨材は竹だ。大きさは長さ三m、幅一・五m位だ。こんなので激流に乗り出すんだからぞっとするよ。でも、湖のように広く穏やかなところもあるんだ。

暫く走ってトイレ休憩だ。例によってバスを挟んだ反対側で男女が別々に用を足したよ。道路の傍に道標があって、318号線、四、七八九と彫ってあった。上海から四七八九㎞の地点だそうだ。この辺は上海経済の影響下にあるようだ。

崖がオーバーハングになったところやドロドロの道を何度も通って見覚えのある橋の袂に出た。橋を渡るとおとつい行ったギャンツェだ。まっすぐ行けばラサだ。三日ぶりに戻ってきたが、もっと時間が経ってるような気がしたな。

道路沿いを流れるヤルンザンポ河（バスの中より）

セラ寺の「問答修行」

バスがラサに着いた時、みんな腹ペコだった。着いたのは午後二時半だ。途中にレストランなんて気のきいたものなんかなかったんだから仕方ないよな。

遅い昼食を食べて、セラ寺というお寺に向かった。ゲルク派のこの寺は、十五世紀の初めに建てられた。セラ・ウツェン山の麓から山にせり上がるように、いくつもの集会堂や学堂、僧坊などが建ち並んでる大寺院だ。最盛期には五、五〇〇〇人もの僧侶が修行してたんだ。今でも仏教修学の中心だ。

先にも紹介したが、二十世紀の初頭、我国の河口慧海が鎖国の禁を犯してチベットに入った時、仏典研究をした寺だ。門限が近づいていたので、残念ながら建物内部の見学は出来なかったが、昔から続いている問答修行の場面を見ることが出来た。

それは、学堂の東側の庭で行われてた。あずき色の衣を着た若い僧侶たちがたくさん集まってるんだ。二人で対になり、答える側があぐらをかいて座り、もう一方がゼスチャーまじりで問いかけるんだ。例えば、こうだ。「セラ寺は、いつ、誰によって建てられたか?」とか「密教と顕教のちがいは何か?」といった具合に問いかけながら、いろんなゼスチャーを加えて結ぶんだ。問いかける側は上位の者だ。答えられないと「しっかりしろ」とか「バーカ」といってこづかれる。及第点をとると位が上がる。だから、みんな真剣に勉強するんだ。

夕食までには、まだ時間がある。それにお昼が遅かったので、まだ腹も減らない。そこで、ラサの銀座といわれるチベット人街の八角街へ行った。白壁のチベットの建物が並ぶ一角だ。ジョカン（大昭寺）をとり巻いて出来た街だ。浅草のような人だかりで賑わってる。買いたりないみやげでも買おうと思って歩いてみたが、欲しい物はなかったから、珍しい物だけ写真に撮ったよ。

突然雨が降り出した。にわか雨はチベットの特徴だ。急いでバスに戻る。たちまち物乞いが近寄ってきた。しつこかったな。バスが発車してしまうと、簡単に諦め、淡々としてる。物乞いが日常茶飯事の単なる作業化してるな。

チベットは、今晩が最後なので夕食は郷土料理にした。「瘋牛」という名のレストランで、建物は内も外もチベット風だった。「瘋」とは、「狂っている」という意味だ。我国のクレイジィ・キャット式命名の仕方だ。どんな人種にもユーモアはあるんだな。序でだが、「瘋癲」と書いてふうてんと読む。ぶらぶらしているという意味がある。我国にも「フウテンの寅さん」なんてのがいるじゃないか。

チベット料理といえば、麦こがしとバター茶が定番で、それにヤクの肉なんかが付く。ここは、案内された店だけにもっと上等だった。カレーで煮込んだシチューなんかもあった。それにウエートレスも黒っぽいそろいのワンピースなんか着てた。

食事の最中に、チベットの歌や踊りを披露してくれた。しかし、道化じみてたな。お面を被って踊る三人の男性が歌うのは、我国の謡のようだ。民族衣装で踊る四人の女性の歌声は、志村けんのようでコメディータッチだった。看板に偽りはなかったな。

観光客に笑いを誘うゼスチャー入りの問答修行を行う僧侶

聖地カイラス山

チベット最後の朝だ。まだ陽が昇らない暗いうちにホテルを出た。一面たち込めた黒い雲の隙間が割れて空が白みはじめたら、川面が少しずつ光り出した。やがて、陽が昇ると山肌が輝き出した。綺麗だったな。

四、五日しか滞在しなかったから、見た物も行った所もごく限られてた。見たかった物は、跳神大会とかショトン祭など宗教行事。行きたかった所はカイラス山だ。

カイラス山は、チベットの西南のはずれにある。カイラスとはインド語で、チベット語ではカン・リンポチェというんだそうだ。いい響きだ。そこは、チベット仏教、ヒンドゥー教、ボン教、ジャイナ教などの共通の聖地だ。チベットの人々が生涯に一度は訪れたいと思ってるところで、巡礼者は跡を断たないということだ。敬虔な信者は、最難関といわれるドルマ峠（五、六三〇m）を、五体投地で登っていくそうだ。

どんなところかというと、二十世紀初頭、彼の地に行った我国の川口慧海の言葉を借りると要約は次のようだ。

「カイラス山は、豪壮で清浄な景色の霊地である。ここへ来ると霊妙の仙境であるという深い深い感じが沸き起こってくる。世界唯一の浄土である」と。また、「麓にあるマナサルワ湖は、豪壮雄大で清浄霊妙な有様が躍々として湖辺に現れている。ここから眺めるカイラス山は、巍然として碧空に聳え、その周囲には小さな雪峰が幾つも重なり取り巻いている。その有様は五百羅漢が釈迦牟尼仏を囲み、説法を聞いているように見える」と。巨大な仏像が、周囲の山々に君臨しているようなカイラスの北壁は、思わず合掌したくなるたたずまいだそうだ。

このカイラス山へ行く定期的交通手段はない。行きたい人が集まって、ランドクルーザーやトラックをチャーターしなきゃならない。片道十日前後かかる。しかも道なき道だ。行って帰ってくると、みんな痩せ衰えて廃人のようになるそうだ。しかし、カイラス山の話題になると、たちまち生き生きとした表情になるってことだ。

カイラス山の付近から四つの大河が発してるらしい。東に流れるヤルンザンポ、南にガンジス、西にストレージ、北にシタという。ヤルンザンポとガンジスは前にも紹介したが、地図で見ると、前者はヒマラヤ山脈の北側を東へ、後者は一旦南下した後ヒマラヤの南側を東に流れている。ここで面白いのは、東に流れ去ろうとしている暴れん坊のヤルンザンポを、ガンジスが呼び戻しているように見えるんだ。ヤルンザンポもそれに応えるように、南西に大きく湾曲して西に戻ってくる。インドに入ってブラマプトラと名を変え、さらにバングラデシュに入ってジャムナと名乗り、それぞれ何千㎞を流れたのち、感動的な再会を果たすんだな。ブラマプトラは、母なるガンジスに抱かれてベンガル湾に出るんだ。母をたずねて三千里、何ともロマンチックな川じゃないか。

禿山ばかりでも美しい大自然。信仰心の強い人々。チベットは物質的には恵まれないが、日本人が忘れてしまった精神世界が色濃く生きて、より人間らしい生活が出来るところだ。いつかまた行ってみたいな。

成都に着いたら食べずに持っていた菓子袋が元のガサガサのベコベコに戻ったよ。

過日、中国政府はスペイン隊に聖山カイラスへの登山許可を出して、地元の反発を買っているという記事が新聞に載った。読んだ人もいるだろう。

ヒマラヤ山脈

九寨溝～シャングリラ

2000年7月21日～8月1日

四川省最北部　九寨溝を訪ねる

今回からは、四川省北部の九寨溝《きゅうさいこう》を中心とした水の世界。そして雲南省の景勝地について語ることにする。チベットとの関係が色濃いところでもある。

四川省に行くには、名古屋からだと直行便があるが、成田からだとない。そこで、上海まで一度行き、三〜四時間、成都への乗り継ぎ便を待つことになるんだ。それでも、その日のうちに成都まで行ける。飛行機だと三、〇〇〇km以上の距離を一っ飛びだ。

成都での宿泊は、いつも泊まる錦江賓館だ。賓館と名のつくホテルは歴史が古い。だから、今ではホテルの等級が低いのが殆どだが、このホテルは、時々大掛かりな改修をしてる。もともと造りの良いホテルだから綺麗で豪華だ。我輩が一番気に入ってるホテルだ。

翌朝八時出発だ。その前に希望者を募って、自由市場を見学することになったんだ。残っていても不安なんだろう、結局全員が行くことになった。ホテルから歩いて五分位の所だった。成都は何度も来ているが、自由市場は初めてだ。市場といっても、そのための広い施設があるのではなく、街の一区画の商店街を言うんだ。

ここは、この界隈の台所だ。野菜、肉、魚介類、菓子、生花、日用雑貨から燃料まで普段の生活に必要な物は何でも揃ってるんだ。昔懐かしい練炭が大きな大八車にぎっしり整然と並べられてた。その匂いも懐かしかったな。

缶ビールを入れる段ボールのケース位の大きさの金網の箱に、ヘビが押し詰められて何段にも重ねられてた。これだけいるということは、どこかのレストランで我々の口に入る可能性があるということだな。ここから発生する野菜クズなど、生ゴミの量もすごい。アスファルト道路の半分の幅を占める位に集積されてた。丁度ゴミ回収車が来て回収してるところだったが、やはり目に余る光景だよ。

そんな街の歩道の一角に、テーブルや椅子をしつらえて休憩所が出来てた。パラソルが並んでて、その下で若い男達がお茶を飲んでた。我国の休み時間の雰囲気とは異なって、心からくつろいでる感じだ。

錦江賓館の玄関で待機してた貸切バスに乗り込み、いよいよ四川省最北部にある九寨溝を目ざして出発だ。二日がかりの行程だ。

今回は、十一名のチームだ。夫婦は五十代のAさん一組。このAさん夫妻に全員が感銘を受けた。友達感覚で明るくけれん味がない。「こんな付き合い方もあるんだ」と新風を吹き込まれたような爽やかさだ。このAさん夫婦のお陰で旅も大変明るいものになったな。

バスは成灌高速を通った。新しい道路もどんどん整備が進んでるな。途中、「江家民族荘」という看板があった。聞いたら農家が経営するリゾート施設だってことだ。我国でいえば、民宿が経営する娯楽施設のようなものだ。都会生活者目当てのもので、お客は連休をとって休養にくるわけだ。最近この手の施設が増えてるというから、中国経済の発展ぶりを感じるな。

買い物客で賑わう自由市場

世界最初に建設された　都江堰を見学

高速道路は、現在整備中のものが多いな。いま走っている道路もそうだ。車が急に詰まりだしたと思ったら、工事箇所の手前だった。この道路を跨いで立体交差する道路の工事だ。看板に「施工路段、車両緩行」と書いてあった。竹で工事用の足場を組んであったが、車の通れる間隔は一車線分しかないんだ。だから、ここまで三車線で走ってきた車が急に一車線に絞られるんだ。糞づまりをおこすのも当然だ。その先端の方では、車が割り込もうとして、クラクションの音がやかましい。それを整理するため、警察官が五～六名配備されてたが、やたらと警笛を鳴らすので輪をかけてうるさいんだ。

料金所を過ぎて、少し行ったところのレストランで早目の昼食をとった。円形の建物で、中の柱は円柱だ。北京の天壇の中のような感じだ。四川料理だった。日本人の舌の感覚にはおかまないなしに調理されてる。口がひん曲がるほどに辛いんだ。二～三口食うと我輩などたちまち大粒の汗が吹き出してしまう。

都江堰市に着いた。市名の由来は、ずばりそのもの。都江堰という水利施設に因んだ名まえだ。この町は、山、水、城、林、堰、橋、路がバランスよく一体となって形成された独特の景観を呈してる。自然に恵まれた町なんだ。

都江堰という堰は、紀元前三世紀に、当時、蜀の郡太守だった李冰とその子李二郎によって造られた。世界最初の多目的水利施設だ。それは、洪水を防ぐだけでなく、灌漑施設として大いに効能を発揮してるんだ。

川の中にある島によって、岷江が、左岸は内江、右岸は外江に分かれたところがある。その島の上流突端部と右岸を結んで堰は造られてる。内江の下流部は、四本の人工の川に分流するようになってる。その分水地点には、それぞれ堰が設けられていて、流れを調節するようになってるんだ。

このようにして、その下流域には、五、三〇〇㎢という、千葉県（五、一〇〇㎢）より広い耕地が形成されてる。かくて、二、〇〇〇年以上にわたって農業生産に大きな貢献をし、この地を「天府の国」といわしめるほどの沃野を養ってきたんだ。

二、〇〇〇年以上も前に、現代でも充分有用な施設が出来上がってたとは、ただただ驚かされるな。

李冰父子の功績を称え、後世の人は二王廟を建て、父子を祀った。

六月二十四日の李冰の誕生日には、灌漑区域の二十余県から大勢の農民が二王廟の前に集まり、香を焚き、銅鑼《ドラ》や太鼓を賑やかに打ち鳴らして祝うそうだ。

廟の近くに、前面に鉄格子のはめられた建物があった。その中には、仏像や錨、その他雑多なものが並べられてた。聞いたら、年に一度、堰の川底をさらう時、出てくる物だってことだ。

都江堰のあたりは、観光化してるな。ロープウェーに乗りながら全貌を見渡せる。土産物屋や休憩所も完備してる。二、〇〇〇年以上前に造った施設が、観光資源としても生きてる。李冰父子の功績はほんとに偉大だな。

都江堰

商売上手な現地人

都江堰市を離れると田舎道だ。岷江沿いの舗装道路を北上するんだ。九寨溝までは遠い。成都から五〇〇㎞近くもあるんだ。四川省の北の端の山の中だ。高速道路はないし、一般道をバスで揺られて行くんだからとても一日では行けないな。途中、黄龍にも寄る予定だから一泊の行程になるんだ。だから、先を急がず見聞きしたものを紹介しながらゆっくり案内しよう。

道は岷江に沿って進む。川まで迫った崖を切り開いて造った舗装道路だ。舗装してあるといっても、日本のように手で撫ぜても滑らかでなく、小砂利が顔を出している程度のものだ。バスは常に小さな振動を繰り返しながら走るんだ。白いセンターラインはちゃんと引いてある。行き交う車は少ない。人も少ない。上半身裸の少年が歩いていたり、放し飼いの牛が横断したりする。山間地ではあるが、川の流れは穏やかだ。のんびりしてるな。

小さな集落や町を通り過ぎながら、バスはガソリンスタンドによって給油した。大きなスタンドだった。屋根の縁には「中国石油」と書いてあった。国営なんだろうな。スタンドに隣接してトイレがあった。関東の連れションよろしく一人が行くと全員が付き合った。トイレの入口を中央にして、その左右に果物や雑貨を入れた籠を並べてる人がいた。こんな大荷物を運ぶんじゃ大変だなと思っていたら、籠の主はやおら立ち上がると、トイレから出て来る人に籠の物を盛んに勧めるじゃないか。何だ、こんな所で店開きをしていたのか。「所変われば品変わる」というが、トイレの前とは恐れ入ったな。でも、考えてみればトイレでも人が集まってくるので商売になる。目の付けどころが違うんだな、と感心したよ。

バスはまた進む。これまでと同じような道路と景色だ。しかし、突如として心配していたことが発生したんだな。言わずと知れた悪路だ。工事箇所なんだろうが道をほじくり返したような泥のデコボコ道だ。幸い雨が降ってなかったからよかったものの埃だらけだ。車輌交換にも大苦戦だ。悪い事が重なった。携帯電話で話し中だったガイドから「黄龍は大雨が降ったため、道路が危険となりましたので予定を変更し、牟《む》尼溝《にこう》へ行くことになりました」との発表だ。あの神秘的な光景を是非見たいと思っていたのに何てことだ。ガイドは取り成すように「牟尼溝も黄龍と同じような所だ。また次の機会もある。あえて危険を冒すこともないでしょう」と言って、我輩をなだめてしまったんだ。

予定の宿泊地も変更になった。その茂県という町に着いた。この辺りでは結構大きな街並みだ。「茂県賓館」というホテルに宿泊することになった。二ツ星のホテルだ。並より落ちるが急なことだから仕方ないな。ホテルの中庭で赤い民族衣装をまとった一〇名位の女子従業員が歓迎の踊りをしてくれたよ。お詫びの印のようだ。夕食が済んで、行程の打ち合わせをしようと思ったが、ガイドが二人ともいない。フロントに聞いたら、急なことで部屋が足りなくて他のホテルに行ったというんだ。何でも、車で二〇分位離れた山の中のホテルだと言ってたな。

一行を歓迎の踊りで出迎えてくれた茂県賓館の従業員たち

気さくな茂県の町民

朝五時ごろ目がさめた。まだ暗かったな。フロントへ降りてみたら、同行の写真家がソファーに座ってた。我輩の写真の先生だ。日の出前に待機して、日が昇る頃、あたりの風景を撮りに行くんだ。何しろ、我国の景色じゃないから、写真家の目から見たら斬新なものが撮れるかもしれないな。

そうこうしているうちに、ガイド達が戻ってきた。泊まったホテル（といっても木賃宿程度のものだろう）は山の中で、あたりは街灯もなくまっ暗だったそうだ。不気味な感じで心細かったってことだ。部屋がないと早くから分かっていれば、我輩の部屋を提供してもよかったんだ。「我々一行は一人部屋が三人もいたんだから何とかなったのに」と言ったら、「そんなわけにはいきません。当方の落ち度ですから仕方ありません」と何とも律儀だ。

衛生的だが、何の飾り気もない白壁のだだっ広い食堂で朝食を摂って出発だ。この辺の中心なんだろう、山に囲まれてはいるが、茂県の街は結構大きい。自動車は少なく、もっぱらリヤカーやオートバイ、あるいはミゼットクラスのものが中心だ。建物は道路より高くなっていて、歩道から更に石段を昇って玄関に入るようになってる。水でも出るのかな。

街をはずれると、やはり淋しいな。時々人家に出くわす位だ。それでも山間の川に沿った道は舗装されてるんだ。道の片側は山の斜面、反対側は川といった風景だ。電柱が続いてるから見えない所に家があるんだろう。その証拠に自転車に乗った少年が一人通った。しかし、他に人家や人の姿を見ない所で会うと、一体どこへ行くのだろうかと奇異な感じを受けるんだ。

山と川の景色にうんざりしたころ、沿道に並んだ建物が見えてきた。近づくにつれ、それは土産物屋だと分かった。バスはその前で止まったんだ。土産物屋に混じって、食堂やガソリンスタンドもあったな。

ガイドは、一行をバスから降ろして案内した。土産物屋に入ったんだが、それを通り抜けて建物の裏手に回ったんだ。後はすぐに傾斜面になっていて、ずっと下の方に川が見えた。目の前の小高い崖のてっぺんに、四角い石の塔が見えた。その下の畳一畳位の大きさの白い石板に「叠渓海子」と赤い色で横書きされてたな。「ディエ・シ・ハイ・ツ」とガイドは中国語で紹介した。

一九三二年、この辺りで大洪水がおこり、村が水没してしまったというんだ。下の方に見えた川は、今では湖になっているってことだ。塔の台座に登り、周囲を見渡したが綺麗だったな。

土産物屋に戻ると、女性の売り子が待ち構えてた。しかし、買いたい物はなかったな。目に付いたのは、毛皮の襟巻きとか、小さな仏像位であとはこの地方の雑貨だ。売り子は襟巻きを奨めるが、欲しくもない。仏像を一つ買った。傍らで食事をしてた女性がいきなり食えと自分が食ってる物を差し出した。仕方なく皿とスプーンを受け取り、食うまねをした。気前がいいなあ。記念にと皆で写真を撮った。そしたら、さっきの女性がくそ暑いのに我輩の首に毛皮の襟巻きを巻き着けてしまった。ひょうきんでもあるな。一口に言って、皆おおらかだ。日本人はいつのまにか、このおおらかさを忘れてしまったな。

崖の上に建てられた畳渓海子の塔

清浄な水の世界牟尼溝

バスは松潘《そんぱん》という所に着いた。ここには、漢民族のほかに、羌《きょう》族、回族、チベット族が共に生活してるんだ。

六〇〇年ほど前の明の時代に建てられた城門が残ってたな。チョコレート色の立派な建物だ。中国では、どこでもそうだが、城門は道路に跨って建ってるから、人や車が門をくぐって往来してるんだ。

昔は門を境として、城内と城外に分けてた。夕方、時間が来ると門が閉ざされ、往来が出来なくなってしまった。その辺のことは、三国志なんか読むと出てくるな。

話を戻そう。松潘は、成都市と青海省（旧チベット）を結ぶ交易の街だ。羌族は、二、五〇〇年以上前からこの地に住む民族の子孫だ。当初遊牧民だったが、古代に漢民族の王朝との戦に敗れ、この山の中に逃れて農業を営むようになったそうだ。今では、山岳信仰の民として、ここに定着してる。祭りの時は、山の神を称え、歌いながら輪になって踊るそうだ。

ここには八角形の凋褸《ちょうろう》があるそうだが、七〇年前の地震で先端が崩れてしまった。前回話した叠溪海子の時と同じ地震だな。

凋褸の入口の鴨居の上には、白い石で山の字形の模様が付けられてる。それは、敵と戦った山の神の表徴なんだそうだ。

その山の神が住むという岷山山脈の雪宝頂という山の麓に「黄龍」がある。人間界離れした仙境らしい。そこへは、前々回話したように、降水のため道が危険となってしまい行けなくなってしまった。残念だな。そこで三〇㎞手前の「牟尼溝《むにこう》」と言うところで我慢することになったんだ。ガイドは、黄龍と同じ位すばらしいところだからと言って我輩一行を慰めたんだ。

説明によると、この牟尼溝には、昔、山の神が住んでいたんだが、その後、神は更に山奥の黄龍に移って行ったそうだ。だから黄龍と並ぶ聖域なんだそうだ。

牟尼溝へ行くには、道が悪いということで、小型バスをチャーターした。運転手の脇に小学生の男の子が同乗した。ガイドでも何でもない。父親の運転手と一緒に、牟尼溝へ行きたかったらしいんだ。

程なくバスは止まり、こんどは羌族の老婆が乗り込んできた。老婆と言ったが、みてくれだけで案外若いのかもしれない。何だ、これじゃあ乗合バスじゃないかと思ったが、彼女は座席には座らず運転席横のボンネットに腰かけ通した。

工事中でもあったが、道はでこぼこで砂けむりも上がっていて極めて悪かった。途中で昼食を摂り、更にしばらく我慢して牟尼溝に着いた。

そこは、清浄な水の世界だった。渓谷に沿って水量の豊かな川が水しぶきをあげて流れ下ってる。ところによっては林の中まで川幅が広がり、木々の間を流れてる。段差のある所では、白い瀧となり、澱は青く澄んでる。

川沿いの道の奥まった所には、岩の間を流れ落ちる大きな瀧があった。ここに居るだけで心が洗われる気がしたな。正に仙境よ。

しぶきを上げて渓谷を流れる牟尼溝の川

四川省のはずれ 九寨溝に到着

瀧の名前は牟尼溝瀑布っていうんだ。見事な渓流や澱もうんとあるんだが、この瀧は牟尼溝を表徴するものらしいな。瀑布なんて大袈裟にいうと、ナイヤガラとかヴィクトリアを連想してしまうが、中国では、ちょっと大きな段差がある流れは瀑布っていうんだ。牟尼溝瀑布は高いところから何段にもなって曲がりながら落ちてくる。一服の清涼感があるな。だから瀧壺の辺りは観光客でいっぱいだ。

幅の広い渓流は、木の橋を渡るようになってる。流れ下る水を見ながら渡るんだ。水は岩の斜面を飛沫を上げながら流れてる。変化を見ているだけでも飽きないな。橋の中程の脇に六角形の板葺き屋根の東屋が流れの中に建ってた。そこに座って景色を眺めると、緑と冷気の静寂の中、水音だけが耳に残って心が洗われるようだ。

見終わってバスが待機してるところまでは、馬の背に揺られていくんだ。我輩も仕方なく、というよりこわごわ乗って行ったよ。中には、ヤクの背中でカウボーイの格好をして写真をパチリなんて商売もあったな。

着いたところには、粗末な掘っ立て小屋のみやげ物屋が並んでた。売ってるのは、郷土玩具や雑貨が多い。不思議に思ったのは、どの店にも動物の毛皮がうんと並べられてたことだ。畳溪海子でもそうだったが、この夏の最中に、なんで毛皮なんか売るんだよって感じだ。

バスはまた、もうもうとした土煙の中、でこぼこ道を引き返したんだ。昼飯を食ったレストランの前を通った時、さっき来たにもかかわらず、ずっと前に来たような、懐かしい思いがしたな。街頭にも土煙が立ち込めてた。

街頭に出ると、あとは九寨溝までの一直線だ。でもまだ遠い。街道だけあって一応舗装はしてある。簡易舗装だ。あたりは相変わらず山に囲まれていて、ことさら新しいものはない。

川に出くわすと変化があるな。川底が浅いんだろう。川の中の岩にぶつかりながら、飛沫をあげて流れてる。それがリズミカルなんだ。丁度ファッションモデルの膝に蹴られて踊っているフレアースカートの裾のような軽快さだ。天気もいいいし、さわやかな感じだな。

所々集落を通る。それが本当の田舎って佇まいだ。泥壁に瓦葺きの家は、古ぶるしく埃っぽい。我国で言えば江戸時代の田舎町がこんな風じゃなかったのかな。

石積みの外壁の家が目立ちはじめたら、程なく九寨溝に着いた。四川省の地のはずれだがこの辺りの中心的な街なんだろう。結構賑やかだったな。


チベット族の衣装をまとった女性も目立った。四、五人で街角にたむろしてて、通る車を見ては手を振ってる。歓迎してくれているのかなと思ったら、ヒッチハイクで目的地まで便乗させてくれる車を探してるんだそうだ。

九寨溝賓館というホテルに着いた。二階建てのホテルで部屋数が多く、敷地は広かったな。でも、造りは我国の建物のように精密ではない。細部が雑に見える。今後の観光客の増加を見越して、建増工事が行われてた。

のどかな田舎町の風情がただよう集落

四合院の九寨溝賓館

ホテルは二階建てだった。かなりひろかったな。工事中の部分もあって、そんなところには赤、白、青の横縞のビニールシートが張ってあった。建物の内部の方には人工の池が掘ってあって、中国独特の建築様式の九曲橋が架けられてる。それを渡って割り当てられた部屋へ行くんだ。建物は曲がりくねってるから曲がった所を覚えておかないと部屋を探すのが大変になってしまうな。

四角いホールがあって、部屋はその周りに配置されてる。つまり、中国で言う四合院ってのは、部屋をロの字形に並べた造りだ。中央が庭だ。一角に二階へ昇る螺旋階段があった。しゃれてるな。

売店はフロントへ続く要所にあった。愛嬌のいい女の子が出てきて対応したな。勧めるのはしつこい位だ。CDや絵はがき、旅行案内書などを買ったほか、綺麗な石に刻印してもらった。勘定を済ますと、店員が我輩の名刺をくれというので一枚渡した。この名刺は、何か月か後にこのホテルに投宿した曽谷在住の中国画家・王俊先生の目に止まったらしい。「先生の名刺がウィンドーの一番目につく所に貼ってありましたよ」と一年後に言われた。

今回の旅行団は、物見高い連中が多かったな。ホテルの中だけじゃ満足出来なくて、夕食後街へ繰り出したんだ。ホテルの前面を流れてる川は、水量が多く深そうで流れが早かったな。水の勢いに圧倒されたよ。橋を渡って左の方へ行った。写真家の先生も一緒だった。街のたたずまいが一風変わっていて、カメラアングルを採るのにも面白そうだ。ことに、街路樹を装ったネオン塔なんかメルヘン調で童話の世界に来たようだ。

小さなみやげ物屋に入った。ホテルのとは違って、この地方独特なものが殆どだったな。ドメスティックって感じだ。若い男が一人で店を切り盛りしてた。普段着のままで風采もあがらない素朴なところがよかったな。

売ってるものは粗末で、おもちゃみたいなもんだ。値段だってあてにならない。交渉次第で大きく値下げに応じる。目のような模様がついた石があった。ネックレスや帯止めに使えるよう細工がしてあった。目が五つ付いたのを買って帰ったら、家で気持ち悪がられた。

ホテルへ戻ると、ガイドがレストランで数人の者と飲んでた。傍らを通ったら我輩を誘ったので一緒に飲んだんだ。一人はホテルの支配人だ。チャン族だと言ってたな。彼が言うには、チャン族と言うのは漢民族の元祖となる民族らしい。それが誇りのようだ。しかも、日本人の元祖でもある。数だって、イチ、ニ、サン、と数えるんだって言ってますます鼻高々だ。

そこで、よしゃいいのに我輩も言ったんだ。「一説によると、日本人の祖先は中国の倭族らしい」といったら、支配人は突然テーブルを叩いて怒り出したんだ。「昔、朝鮮や中国沿海を荒らした倭寇っていう海賊がいたろう。あんな悪いやつらはいないんだ」ってわけだ。

そういや中国じゃ倭族ってのは、虐げられた民族だったな。怒った支配人をカラオケルームに連れて行って機嫌をとりなすしかなくなってしまったよ。

九寨溝賓館の内部

九寨溝とは　九つの集落と谷

九寨溝行きのバス乗り場は、人でごったがえしだったな。殆どが中国人だ。外国人は、我輩一行しか見当たらなかった。

観光地としての九寨溝が外国人に一般的になるにはまだまだ時間がかかりそうだな。今は、中国人の旅行のメッカとして、一生に一度は行ってみたい所になってるようだ。

中国語で「寨」とは「集落」、「溝」とは「谷」のことだ。だから九寨溝とは、九つの集落と谷のことだ。九寨溝の懐は深い。入口から最奥部まで三二㎞もあるんだ。その間に運行されているのがシャトルバスだ。観たいスポットで乗降できるようになってる。しかしこの混雑ぶりでは、一度降りてしまったら次から来るバスには容易に乗れそうもないな。我輩一行は専用バスをチャーターした。日本人の旅行は贅沢だな。

バスは隊列をなして、谷間の道を奥へ奥へと進む。九寨溝は総体的にはYの字形になってるんだ。入口の方には樹正溝、途中から分かれて、右が日則溝、左が則査窪溝と呼ばれてる。

入口あたりの扎如寺という寺を過ぎると集落が見えてきた。更に進むと、樹林の中を流れる幅の広い川が現われた。いよいよ水の世界の始まりだ。牟尼溝でもそうだったが、川の中に林があるなんて想像もつかなかった世界だな。その川も上流に行くにつれ段差がついてるんだ。そんな所では、水が白いしぶきをあげてる。それが広範だから、見ていて飽きないんだ。盆景灘なんてところは、水の中のあちこちに盆栽があるようで見事だったな。

九寨溝は、岷山山脈から流れ落ちる白水江の源流部にある。その川はところどころ膨らんで、海子（湖）になってるんだ。上流に向かうにつれ、蘆葦海、火花海、臥龍海、双龍海、樹正群海、老虎海ってふうに並んでる。これらは、走っているバスの中から、ガイドが説明するのを聞きながら眺めたから、あまり印象に残ってないな。

やがて、バスは諾日朗《だくにちろう》という瀧に着いた。日則溝と則査窪溝の分かれ目、つまりYの字のつけ根にある瀧だ。幅は三二〇mもあり、中国最大だ。高さは二五mある。瀧壷は霧の帯だ。表面の岩盤は場所によって形がいろいろだから、それなりに様相が変化するんだ。

瀧壷の方に降りてみたら、しぶきが上がって霧になってたな。いろんなアングルから写真を撮った。瀧は展望台から一望出来る。水量は豊富だ。静けさの中に、水の音だけがゴーゴーと響き渡ってる。夏だっていうのに薄着じゃ寒いくらいだ。

九寨溝全体を一日で見るのは無理だ。まして、乗合いのシャトルバスではなおさらだ。時間のない我輩一行は、一日で殆ど見ようと欲ばって、貸切バスにしたんだ。ガイドに急がされて集合。左に道をとり、則査窪溝へと向かった。

九寨溝～シャングリラ

豪壮な諾日朗瀧

すばらしい湖の数々

長海は、則査窪溝の一番奥にある。標高は三、一五〇ｍだから、九寨溝の入口から一、一〇〇ｍ以上登ったことになるんだ。諾日朗から一八km、三〇分バスに乗ったことになる。長海の周りの風景は、カナダかチベットを連想させるな。針葉樹や、背中に赤っぽい絨毯を敷いた白い大きなヤクなんかも、雰囲気を醸し出してるな。

長海は、この九寨溝で一番大きな湖だ。豊かな水を湛えた、ゆったりとした静かな湖だ。懐の深さを感じさせるな。言い伝えによると、九寨溝一帯に点在する湖は、その昔、悪魔と戦った女神が落とした魔法の鏡の破片がちらばって出来たそうだ。そういやあどの湖も個性があって美しい。

長海の近くにある五彩池もそうだ。湖底まで透き通って見える水の色は、エメラルド色だ。カメラのレンズはその色を忠実に再現してくれた。感動したな。

さっ、また駆け足だ。右側の日則溝をみるために、諾日朗まで降りて昼食だ。レストランは満員だった。前の駐車場には、エメラルド色のシャトルバスがかなりな台数並んでたな。暫く向い側の建物の縁石に腰かけ待機した。そんな風だから、やっと入っても中は混み合っていて席を確保するのが一仕事で、みんな同じテーブルになんか着けやしない。驚いたのは、ご飯が直径一m位もある大きなボウルに満杯になっていて、テーブルの間に置かれてる。客はそれを好きなだけ盛って食うんだ。安かった。

戦争騒ぎの食事のあと、きれいな湖が点在する日則溝に向かった。最初は珍珠灘だ。珍珠とは真珠のことだ。傾斜の極緩い岩底の浅瀬で巾はかなり広い。川には板の足場が渡されていて、そこを歩いて行くんだ。灌木があちらこちらに生えてる。流れる水は岩に当たり、木々と擦れあい、白い水玉となってはね上がる。無数の真珠が緩い坂をはねながら転がっていくようで実に見事な光景だったな。

この瀬の行き着く所は瀧だ。そのまま歩いて瀧壷の方へ降りられるんだ。豪壮なすばらしい瀧だ。諸日朗の瀧もよかったが、部分的にはこっちの方が圧巻だ。瀧の下で写真を撮りながら見上げたが、本当に真珠が降りそそいでいるように見えたな。この珍珠灘は九寨溝の中でも一番気に入った。ついでだが、瀧の写真は我ながらよく撮れたと思った。

一番良いと思ったのを写真展に出品してみたが、入選しなかった。上には上があるもんだ。

熊猫海もよかったな。エメラルド色に澄んだ水は、湖底まではっきりと映し出してる。倒木の間を泳いでいる無数の小魚も身の隠しようもない。手を伸ばせば掴めそうな感じだ。実際、桟橋に腹這いになって手をつっ込んでる人もいた。

倒木がオブジェとなって湖底に幻想的な世界を創っている五花海。波が殆どなく、ガラス板のような鏡海。九寨溝はメルヘンの世界だな。

湖面に泳ぐ魚を捕らえようとする観光客

山の中にも有料道路

今日一日かけて成都まで戻らなきゃならない。何しろ、二日掛かりで来た距離だ。早朝六時にホテルを出発した。みんな目をこすったり、欠伸をしたりですっきりした顔じゃなかったな。通りはさすがに人通りは少なかった。それでも、こんな時間から働いてる人もいるんだ。所どころ舗装道路一杯に籾を広げて干してた。日本の原風景に出会った感じだ。そういえば、チャン族のホテル支配人が、日本人のルーツもチャン族だと言ってたな。

暫く走ってトイレ休憩になった。土産物屋のトイレだ。そのまま自然と店に立ち寄るように出来てる。どこの国も同じだ。でも、寄る価値はあったな。水晶を加工した物だけを売ってた。この辺は水晶の産地だってことだ。ブローチ、ネックレスや飾り物が主だ。みんなよく出来てた。中国人は手先が起用なんだな。高さ四〇cmもある多重塔は見事だった。そんなのは高くて買えないからネックレスをまとめて十本、定価の二〇%で買った。

川圭寺という町を過ぎると松潘に入った。道路の料金所があった。こんな山の中に有料道路があるんだ。行きには気が付かなかったな。眠ってたのかな。

鎮江郷、太平郷を過ぎると、山道になった。上がったり、下ったりしながらバスはひたすら成都を目指す。いろは坂を登ると、来た道の全体が見渡せて、蛇行してるのがよく分かる。上下一車線ずつしかないが、全部きれいに舗装されてる。やっぱり有料道路だと思わされるな。

行きに見た、川に立つ波頭が、はるか下の方で陽に映えてリズミカルだ。この辺の山は、頂の方まで耕されてる。結構高い山だ。広大な面積を誇る中国なのに不思議な感じがするな。

どんなに急いでも、昼飯は抜かせない。山菜王というレストランに着いた。現地の少数民族が経営する店だってことだ。なるほど、民族衣装をまとった娘たちが愛想よく出迎えてくれた。美人揃いだ。店の前で、猪口一杯の地酒をふるまわれて、目の前の階段を上がって店内に入るんだ。周囲がガラス張りの広くて明るい店内だったな。柱と梁は丸木だ。柱には鹿の頭蓋骨や、とうもろこしの束が吊るされてた。そんな野趣味とは裏腹に、しつらえられたテーブルや椅子は純白、テーブルクロスも純白といったアンバランスだ。料理も中国料理というよりは、地方色が濃かったな。経営の資金源は香港あたりじゃないかな。レストランと比べ、周りの土産物屋は、さっかけ程度でみすぼらしかったからだ。

おととい泊まった茂県を過ぎると汶川だ。ここでも料金所があったな。しかし、中国の有料道路は、料金所を通過しなくても、途中で出入り自由な感じだ。この辺は阿埧州《あばいしゅう》というようだが、省の下に州という行政組織もあるんだな。夕方成都市に入った。

レストランの入り口で歓迎を受ける一行

三日目に戻ってきた成都だ。都会の洗練された料理がまた食えるというもんだ。香茶坊というレストランにバスを横付けにした。今夜は火鍋だ。ガイドは成都の名物だといって自慢げだ。室内は熱気でもうもうとしてた。日本の料理にあえて当てはめれば、しゃぶしゃぶのようなもんだ。鍋で湯をたぎらせ、そこに薄切りにした豚肉を入れ、箸でつかんだままお湯の中でさっさと振って、色が変わったら食うんだ。肉をつけるタレの辛いことといったら、口がひんまがりそうだ。初めて食ったせいもあったが、暑くて、熱くて、舌をやけどしそうで大汗をかきながら終わっちゃった感じだ。

　錦江賓館で一夜を過ごし、翌日は雲南省の昆明市に向けて出発だ。出発まで時間があったので、成都市内をバスで見学しなから巡った。

成都のデパートを見学

この成都には、これまで何度来たことだろう。最初に来たのは、二〇年位前だったな。あの頃の建物は、灰色がかった中高層のものが多かったな。道幅の広いメインストリートの人民南路の背の高い街路樹が印象的だった。それは今でも昔のままだが、加えて近代的な高層ビルが目立って多くなった。しかもカラフルだ。

　この二〇年間で大きく変化したな。我輩はガイド嬢に言った。「何でも揃った大都会になったネ」と、「いや、まだまだ田舎町ですョ」と、ガイド嬢は答えた。その口ぶりは謙遜というより、実感がこもってたな。

　デパートに着いた。前面に広場もあり立派な建物だった。だけど中に入ったらいささかがっかりしたな。まずは規模だ。売場は、地下一階から地上三階までしかない。商品構成や並べ方は我国のスーパー程度だ。さっき、ガイド嬢が田舎町と言ったが、この辺の事情を指しているのかもしれないな。それでも、中国産の芸術品はいい物があった。

骨董品売場へ行ってみた。円形の大きな硯が目に止まった。直径三〇cm以上、厚さ一〇cm以上、脚が付いていてそれを含めると高さ一三cm位。硯の池の上部には、龍が立体的に彫られていて、側面も一周して龍が彫られてる。何としても欲しくなってしまった。

そこで、値段を聞いたら、一万八、〇〇〇元（二七万円）だってことだ。高いなぁー。デパートじゃ負けてくれないだろうな、と思いながら、「値下げしてくれ」と言ったら応じてくれると言うじゃないか。

街場の感覚で二〜三割で切り出してみた。「四、〇〇〇元でどうだ」と言ったら、「とんでもない」と首を横に振る。当然だろうなと思いながら、立ち去ろうとすると、我輩の持っているカメラを指して「それは、いくらするか」と聞く。「五〜六万円だ」と言ったら、「それとなら交換してもいい」と来た。即、応じたよ。この旅行のために買ったカメラだが、確か五万円位だった。だから、更に一万円を加えてやったら、びっくりしてたな。梱包してもらったら、ずっしり重かった。一〇kg以上はあるな。

成都のデパート内

機内のごろつき

今回の成都は中継点で、一泊しただけだ。飛行機の時間に合わせるため、市内で時間を潰してた。

飛行機に搭乗したら、左斜め後ろの席に二つの座席を占領してふんぞりかえった中年の男がいた。色白だが髪は短く、ダブダブの半袖シャツを着てたな。胡散臭い男だと思いながら、こちらは前を向いて座ってたんだ。

間もなく、その男が喚き出した。振り返ると同行のAさんに文句を言ってるんだ。中国語だから何を言っているのかわからないが、どうやらAさんに因縁をつけてるんだな。

Aさんに聞くと、Aさんの座席に眼鏡があったのでその男のものかと思って、手渡したらしいんだ。すると男は、自分の眼鏡をAさんが盗ったといっているようなんだ。それは、Aさんの座席の背もたれの上に置いたのがずり落ちたのかもしれないな。だけど、その男は執拗に喚きちらすんだ。そのうちに荷棚に乗せてあったAさんのバッグを取り、自分の物と言い張るんだ。Aさんも取られてたまるものかと、必死にバッグを取り返す始末だ。どうもその男はおかしいとみんなが思い始めた頃、男性の乗務員が駆けつけてきた。どう取り成しても男は納得しないで、自分の主張を押し通そうとするんだ。我が方の女性ガイドも加わって、「中国人の恥ですよ」などと怒鳴られて少しはおとなしくなった。それでも、昆明に着くまでの間、男は時々思い出したように喚いてたな。

昆明の空港に着いたら空港の保安官が待ち構えてて、その男は連れて行かれてしまったんだ。Aさんも我が方のガイド嬢も一緒だ。我輩一行は、糸の切れた凧みたいになっちゃった。

ゲートに通じる通路を歩きながら、この先の行程を考えたよ。ゲートを出て、トランクをとれば、その先に現地のガイドが待っているだろう。どうしよう。成都で買った硯（写真）がずっしりと重い。梱包した紐が手に食い込む。持ち替えてもすぐ痛くなる。

悩んでいても仕方がない。行動をおこすしかない。一行の中には海外旅行に慣れたTさんがいたので、彼に先のことを託したんだ。男が空港の事務室へ連れて行かれた通路の曲がり角でしばらく一人で待ってた。三〇分以上待ったが、戻って来ない。待てよ、ここを通らずに出口の方へ行ってしまったら、我輩だけが取り残されてしまうなと思って、出口の方へ行ってみた。そこにはTさんが待っててくれたな。昆明のガイドにすべて託したそうで、一行はすでに出発したあとだった。待つこと一時間。Aさん達が出て来た。Aさんはカンカン、ガイドはプンプン。何とか話はついたが、ガイド嬢は、例の男に袖の下をとられたようだ。おかげで予定は大幅に狂ってしまったな。

直径35cm、厚さ13cm、重さ14kgの硯、右はマッチ箱

大観楼から花鳥風月の世界を見る

機内のごろつきのお陰で日程が大幅に狂ってしまったな。ガイド嬢は律儀に全日程を消化しようとするから、その後は駆け足の案内だ。説明も充分ではなくなってしまった。

雲南省は、中国の最南部にあり、少数民族が多いところだ。中国に居住する五五の民族のうち五一が集まってる。

昆明市は雲南省の省都で、面積は二万㎢余り(千葉県の四倍位)。市内に二本の山脈が南北に走っていて、湖が多い。気候は温暖で、植物は四季を通じて緑濃く百花乱れ咲く。だから別名「春城」という。二〇〇〇年春には「花の博覧会」が開かれた。とガイド嬢は、一気にまくしたてて、円通寺という禅寺に着いた。

この寺は元はプタラ寺と言ったそうだ。チベット仏教の寺だったのかもしれないな。元代に建て増して、円通寺と改称したってことだ。市内で一番大きな寺で建物の構造も、その配置も左右対称になってる。変わってるのは、寺門を入り、中へ進むにつれて地面が下がっていくことだ。保存状態もよい。主殿である大雄宝殿の中には、元代に彫られた三世仏が安置されてる。明代に彫られた龍の柱、両壁には十二円覚像、二四の諸天菩薩、それらの像は躍動的で衣服に施された線彫りは、繊細で優美だ。建物の軒下には、明清両時代の著名な書家が書いた扁額が所狭しと並んでたな。

次に訪れた大観公園は、明朝初期に造られた花園だ。ゲートを入ると、ブーゲンビリアのトンネルがあったり、半球形に組まれた鉄パイプに花が咲いていて巨大な帽子のようだ。建物の周りには立木が芸術的に植えられてたりする。

時代が下るに従い、建物が増えていったということだ。大観楼という三層の楼閣が滇池《てんち》の湖岸に建てられてからは、景観も整い、観光客が一段と増えたそうだ。

大観楼の三階から湖が一望できる。その造形のすばらしさはなんとも言えないな。いかにも中国らしい花鳥風月の世界だ。

駆け足で見終わり、外に出ると日は陰りはじめてた。門の外にある果物屋の店頭には、南国らしい果物が並べられてた。ランプータン、マンゴスチン、釈迦頭、茘枝、ヤシの実などだ。その中で見たこともないのがあった。ピンク色で遠くから見ると太い薩摩芋みたいだ。聞くとドラゴンフルーツと答えた。一つ買って皮を剥いてみたら白い果肉が出てきた。桃と梨を合わせたような味と歯触りで、黒い小さな粒がいっぱい入ってたな。

昆明のガイドは男性だった。日本語がよくできる。商売も熱心だ。夕食の時、飛行機の中で日本人の皆さんにご迷惑をかけましたと、しきりに謝ってたな。

せめて食事でサービスしますと、我々をとりなした。同時に、雲南省特産の干松茸を買ってくれとタイミングよく注文を取り出したのは見事だったな。

食事の時間は短かったが、ガイドの努力で盛り上がった。ガイドは「食事時間の終了を宣言したいが、皆さんと別れがたい、どうしたらよいか」と言うんだ。我輩は「中国ではさようならと言う時、再見《ツァイチェン》（また会いましょう）と言うじゃないか。日本では、宴たけなわではありますが、そろそろお開きにしたいと思います、という言い方があるんだ」と教えたら何度も復唱してたな。

大観楼からの滇池の湖が一望できる素晴らしい景色

山麓の高原、雲杉坪

日程の関係で、昆明での見学場所を残して、先へ進むことになった。これから先には、麗江市やシャングリラ（香格里拉）が待ってる。帰りには、またここに戻ってくるというので、出来るだけ身軽にし、ホテルに荷物を預けたんだ。もちろん我輩も買った、あの一四kgもする硯を預けた。

小一時間、飛行機に乗って午前中のうちに麗江へ着いた。宋末元初の十三世紀に造られた街並みを残すというからすごいな。どんな所か早く見たいものだ。

しかし、麗江のホテルには夕方着く予定なので、時間はたっぷりある。その間に名所見学という日程だ。

麗江市の面積は、昆明市と同じく広くて、千葉県の四倍はたっぷりあるんだ。

空港からバスに乗って、雲杉坪《うんさんぼ》という高原に向かった。街中をしばらく走った。この街の信号機は変わってたな。上下六車線もある広い道路の高い所片側一杯に、太いパイプのアームが横断していて、そこに信号灯が三基点けられてる。それぞれが赤、青、黄といろいろな組み合わせで点灯するんだ。各車両は、行きたい方向の組み合わせがでた時進行する。外国人にはわからないな。

街はずれの屋根付きの、道路に跨る門を抜けると草原に出た。それを左右に分けてどこまでも真っ直ぐなアスファルト道路が伸びてる。片側一車線だ。遠くに山脈を見ながら、変わりばえのしない景色に飽きた頃、やっと雲杉坪に到着した。

山麓の高原は、見渡す限り一面の草原だった。

黄色い小さな草花で敷き詰められてた。その奥には背の低い松林が広がってる。風は爽やかだし何とも気持ちいい。都会生活で神経をすり減らしている者には、格好の癒しの場所だ。皆、思い思いに時を過ごした。写真を撮る者、観光用の子馬の背に跨り、草原を一周する者、寝そべる者といろいろで、どっぷりとあたりの雰囲気に同化してしまった。「ごはんですよー」とのガイドの声で、腹が減っていることに気が付いた位だ。

レストランは、おとぎの国にありそうな建物だったな。浦安のディズニー・シーにあるような岩山の形をしてるんだ。入口から、山の胎内に入っていくような感じだ。中は洞窟のようになってる。変わった造形のものが並んだコーナーがあったりして、子供だったら大喜びするところだな。一番奥が食事をする広場で、造りはドイツの酒場のようなムードだ。食事の中味もパンやソーセージだったな。上等の部類だ。

食後は、玉龍雪山という名山に登ることになってた。登ると言ってもケーブルカーでだ。乗り場に行ってみたら、順番待ちの人が長蛇の列を作ってた。「一時間以上待たないと乗れないそうです」とガイドが言うので、近くのズラリと並んだ土産物屋をひやかして歩いた。

一時間も費やすのに、こんなに骨が折れるとは思わなかった。やっと一時間が経って乗り場にいってみたら、さっき、一番後に並んでいた人がまだ並んでたんだ。仕方なく諦めたよ。しかし、玉龍雪山の天辺の方は雲に隠れて見えなかったな。

雲杉坪で

気のきくガイド嬢だったな。山が見えないことを予想して、観光用のガイドブックを用意してた。玉龍雪山の写真だ。

雪を被った、ゴツゴツした高い岩山だった。アルプスやヒマラヤの山を想像してくれればいい。澄みきった青空を背景に聳え立ってる。裾野は黄色い花をつけた植物の群生が一面に広がってるんだ。写真の撮り方もいいんだろうが、心が洗われる清浄の世界だ。行けなくて残念だったな。

さて、麗江を中心とした一帯は、納西《なし》族の自治県だ。独特の文化を守り続けてる。その一部を紹介しよう。

納西族の文化　トンパ文字

先ずは、トンパ文字だ。写真を参照してほしいな。この地球上で唯一残っている象形文字だ。文字というのは、それが使われていた文明が衰退すると同時に消滅してしまうものだ。後世それが発見された時は、解読困難となってしまうんだな。その点、漢字は何千年と、長期間命脈を保ってるから大したもんだ。

トンパ文字は、西暦七世紀頃に考案されたらしい。納西族は、人口二八万人の少数民族だ。いわば、閉鎖社会の中で使われてきた文字で、一般的なものではない。しかし、今日まで生き延びてきたんだから、これまた大したもんだ。生きた「化石文字」といわれる所以《ゆえん》だ。

トンパ文字は、トンパ教典を書き写したり、儀式に使われてきた。トンパ教は、納西族が信仰する原始的な宗教で、多神教だ。宗教だけでなく、哲学、学術、文化など幅広い領域にわたってるんだ。トンパ教には寺がない。だから全体を統括する坊さんがいないんだ。宗教活動は、各村で大トンパと呼ばれる人が行なう。つまり、トンパとは巫あるいは歴史を記述する書記官のことを言うんだ。

トンパ文字は、自然や植物、動物、人間などを使って表現されてる。文字の数は一、三六二文字というからすごい。文字は全て手書きだ。紙面を切った枠の中に左から右に書いていくんだ。だけど、言葉の順序どおりに並べていかないから、トンパと呼ばれる人でなければ読めない。それでも全部を正確に読める人は少なくなってしまったので、トンパに協力してもらい、解読・記録作業が続けられてるそうだ。

トンパ文字は、しなやかで、愛嬌があり、暖かみを感じさせる。また、アニメーションを連想させ親しみがもてる。そんなところから、今では日本国内でも人気があり、名刺に刷り込んだり、おまじないグッズに使われているってことだ。

なるほど、注意して見ると、飲料水のペットボトルに巻かれてるのがあった。親しみが持てるといえば、写真のトンパ文字を見た時のことだ。同行の女性の一人が、笛を吹いている人物の手の左にある文字は何を表わししているのか、と聞いた。一行は、皆んな一瞬息を飲んだが、ガイド嬢は、あれは「麦の穂」を表わしているとさりげなく答えたな。

ユニークなトンパ文字

納西族の文化　妻問婚

納西《なし》族の文化についても少し語らせてくれ。しつこいだろうが、多くの興味を引く文化を持ってるからだ。

納西族は、もともと黄河の上流で農耕と牧畜中心の生活をしてたようだ。それが何があったか知らないが、五〜六世紀頃になって雲南省の麗江というところに定住し、独特の文化を築いていったんだ。また、元来はチベット北東部に住んでいた羌《きょう》族の分れが初唐（七世紀）の頃、麗江一帯に移住したって説もある。ま、どっちも論拠があるだろう。その証拠に納西族は、麗江一帯だけでなく、今でも北方の四川省に分散していたり、チベットなんかにも住んでいるからだ。「ナシ」とは「黒い人」という意味だ。

彼らは、住んでいる地域によって自分たち民族の自称が違うんだ。つまり、麗江やシャングリラに住む者は「ナシ」というし、永寧というところに住んでいる者は「ナ」と自称してる。

「ナシ」と「ナ」では、社会、文化面でいろんな違いがあるんだ。ナシの方は支配階級で、ナの方は被支配階級だ。両方の違いの顕著な例を紹介しよう。ガイドの話だが、親属組織に大きな違いがあるんだ。

ナシの方は、父系社会で男尊女卑の社会だ。財産、家屋は男子が相続する。女子の地位は低く、年頃になると婚家に売り渡された。結婚相手は両親が決めたんだ。意中の人が居るのに両親の勝手で相手を決められたのではたまらない。だがら、この集団では愛を貫くための心中が他部族より多かったということだ。

一方、ナの方は、母系社会で親属組織は、「イトゥム」という氏族単位で構成されてる。

婚姻の形態は、いわゆる「妻問婚」の形をとっていたんだ。男女とも一三歳になると成人し、他のイトゥムの異性と結婚出来た。しかし、その形態が変わっていて面白いんだ。

妻問婚といったが、結婚しても同居せず、男性は夜になると女性のもとに通い、一泊して帰ってくるという形だ。昼間は男女それぞれの実家で働き、食事をする。だから家族としてのまとまりがなく、夫婦間にも経済的なつながりは薄いんだ。こんな形だから、既婚者でも男女間の交流は自由だ。気立ての良い美人や、金があって男ぶりのよいやつが渡り歩く回数が多くなるってわけだ。出来た子どもは、父親がわからないし、母親が育てる。実の父でも形の上では他人だ。男は哀れだな。でも、この集団では、働くのは女性で、男性は遊んで暮らしていいんだ。新中国成立後は、一夫一婦制にするようにとのお達しが出たが、一部ではまだ残っているそうだ。

話は変わるが、麗江の北にある象山の麓に、玉泉公園という綺麗な公園がある。玉河あり、渓流あり、山林ありと目を奪われる。この公園の一角に、死者の階段というのがあった。二本の柱が並んで立っていて、それぞれ切り込みがあって階段になってるんだ。よく見ると、右の柱の方が段数が多い。ガイドは言った。「右が男性用、左が女性用です。男は働かないので、その分死んで聖地に向かう時、階段を余計に登って苦労しなければならないんです」。こんなところで、帳尻を合わせてるってわけだ。

死者の階段（右が男性用、左が女性用）

中世のままの町「麗江」

麗江一帯は、けっこう見所が多いな。麗江の五大チベット仏教寺院で、椿で有名な玉峰寺や、玉龍雪山を背景にして綺麗な玉泉公園なんかも見た。玉泉公園の黒龍潭という池に映る玉龍雪山の美しさは、ここでしか味わえないってことだ。

夕方近くになって麗江の中心街に着いた。ここは、今から八〇〇年前の宋末元初の頃造られた街で、その時の街並みがそのまんま残ってる。我国で言えば、奈良や京都のようなところだ。

その古都の入口にある、格蘭大酒店というホテルに泊ることが出来た。部屋割が終ると、夕めし前に少しでも多く見ておこうと、カメラ片手に街へ繰り出したんだ。

ホテルの前の大通りの向こう側が旧市街だ。通りは車の交通量が多くてなかなか渡れなかったな。渡ったところに、「世界文化遺産麗江古城」と書かれた壁面がデンと構えてた。一九九九年に江沢民が書いたものだ。偉い人の書く字は、皆んなうまいな。どれも芸術性が高いと思うよ。麗江が世界文化遺産に登録されたのは一九九七年のことだから、この街が中国人の間で脚光を浴びたのもつい最近のことだ。

玉龍雪山など綺麗な風景と、中世のままの佇いを残す街並み、大らかで優美なトンパ文字。こんな現実離れをした世界だから、ここをシャングリラだという人もいる。

古城に一歩踏み込むと、東洋的な中国そのものの世界だ。ビルが建ち並び、車が行き交う周囲の街とは別世界で、道幅は車が通れる広さじゃないな。道幅一杯に石畳が敷かれてて、街の古さは、その石の角が丸く磨り減っていることから分かるんだ。

西安など、中国の古い都市では、町を城壁で囲うのが普通だった。だけど、ここにはない。ガイドが言うには、その昔、この地を治めていた納西族の木氏という土司（地方長官）が、町を城壁で囲うと木が「困」となり、縁起を担いでやらなかったそうだ。狭い路地に、木造土壁造りの家が連棟式に並んでるんだ。どれも扉や柱なんか木の部分は焦げ茶色、壁面はダーク調、屋根瓦は黒とシックで落ち着いてたな。建物の殆どは、開放部は一方で三方は塞がれてる。

水路に沿ったメインストリートは、いろんな土産物屋が並んでて賑やかだった。喫茶店なんかもあったが、時代の流れを感じるな。柳の木の下で、麻雀をやってるのもいた。二〇歳前の可愛い顔の女の子も混じってた。野次馬もにこやかな顔で見てる。何ともほほえましい、のんびりした光景だった。

石造りの太鼓橋を渡ると、四方街という柳の木に囲まれた中心広場に出た。どの道から来てもここに着くんだ。テーブルを囲んで弁当を食ってるグループや、アコーディオンを中心に歌に興じてる若者などが、勝手に時間を楽しんでるんだ。

その四方街の裏手に、獅子山という丘程度の山があって、万古楼という建物がある。そこに登って麗江古城を見おろすと、一面黒い甍の海が広がってた。壮観だったな。

麗江の温かみのある街

草花咲き乱れる香格里拉《シャングリラ》

〝シャングリラ〟って知ってるか？中国大陸の大都市や、香港、シンガポール、台湾なんかに行っても、この名前のホテルがある。みんな高級ホテルだ。我輩は泊まったことはないが、みんな高級ホテルだ。我輩

漢字で「香格里拉」って書くんだ。そういえば思い当たる人もいるだろう。

シャングリラってのは、理想郷とか桃源郷と訳されてる。それは、ヒルトンっていうイギリスの小説家が書いた「失われた地平線」に出てくるんだ。その部分を抜き出すと次のようだ。

一九三〇年代のことだ。アメリカの三人のパイロットが、飛行機を操縦して、中国～インド航路を飛んでた。突然故障に見舞われたが不時着し、九死に一生を得た。そこは、永久に変わらない平和の地だった。物音一つしない静寂の地だった。香格里拉だ。後日、パイロット達はこの地を再び探し当てることが出来なくなってしまった。

それで香格里拉はどこにあるんだという場所探しが地球規模の話題になってしまったんだ。小説の中では、その場所の特徴が詳細に書かれてた。その民族の風情や地形の特徴から、香格里拉は迪慶《ちゅうけい》地方に極めて似てるということになったんだ。迪慶のチベット族の言葉では、香格里拉とは、「ようこそ！ご友人」という意味なんだそうだ。

バスは、起伏のある地形を通りすぎ、やがて見渡す限り草花の咲き乱れる広い平原の真ん中とも思われる場所で止まった。遠くを低い山々がとり囲んでる。ガイドは、ここで休憩しますというんだ。周りには何もない。遠くに古ぼけた粗末な木造の家々があるだけだ。我輩

は、「いつ香格里拉に着くのか」と聞いた。ガイドは、「ここがそうです」と答えるじゃないか。「ここったって何もないじゃないか」と言ったら、「香格里拉というのは狭い一地点だけを言うのじゃなくて、かなり広い一帯の範囲を言うのです」ってことだ。そう言やあ武蔵野ってのは、武蔵野市だけを言うんじゃなかったな。東京の多摩地方一帯の総称だった。愚にもつかぬ質問をしたもんだ。

よく見ると、あたり一面二〇cm～三〇cmの丈の低い草花が乱れ咲いてる。赤、橙、黄、緑、青、藍、紫、虹色以上の色とりどりで、形も様々だった。そりゃ見事だったな。みんな、楽しいような、嬉しいような、うきうきした気分でそこらじゅうを歩き回ったたな。広々しているし、自然と心も広くなる。女性たちは、しゃがんで花に触れながらやさしい言葉をかけてるんだ。我輩は、カメラを片手にいろんな花を撮りまくった。時間が経つのをすっかり忘れてしまったよ。

着いた時は、さほど感動もなかったが、立ち去り難い気がしたな。時間に追われた生活をしていると、静寂の世界は見落としがちだ。同じ物を見ても、見る人の心のもち方で如何ようにも見えるんだな。

香格里拉に咲く花々

長江文明の因

香格里拉《シャングリラ》については、もっといろんな所を見たかったんだが、旅程と時間の関係でかなわなかったな。残念だ。また来る機会があったらここに二、三日滞在してみたいな。

バスは次の目的地に向かって、平原の中の道をひたすら走った。平原と言っても小高い山くらいはある。放し飼いの家畜が草を食っていたり、パゴタ（寺の塔）があったり、けっこう変化に富んでるんだ。

集落に入る手前には、ゲートがある。結界のような物かな？その柱や桁には、いろんな標語が書かれてるんだ。例えば、「民族団結万歳」とか、遠来の客を歓迎する言葉とかだ。最後にゲートを通って着いた所が中甸《ちゅうでん》という町だ。ここで宿泊した。そして、ホテルを基地として周辺を見学したんだ。

丁度昼頃着いたので、ここで腹ごしらえしたんだ。一服して、またバスに乗り、名所を巡った。

最初に行ったのは、長江第一湾と言って、川がV字型に湾曲した所だ。どんな意味があるかと言うと、はるか青海省とチベットの境あたりに源を発する長江（源流に近い方は通天河、下って金沙江、更に下って長江となる）は、初めは東南方向へ真っ直ぐに下って来るのだが、ここ石鼓鎮に来て崖にぶつかり、V字型に方向を変え、更に曲折を重ね、東に流れて長江となるんだ。

チベットから並行して南下する川は、金沙江のほか二本あるが、他の二本はそのまんま南へ流れて行ってしまう。金沙江だけが、この長江第一湾をターニングポイントとして東へ流れ長江となるんだ。

つまり、金沙江がここで流れの向きを変えなかったら、長江文明はなかったと言うことで、ここに住む少数民族納西《なし》族の自慢の種となってるんだ。

金沙江の急流は、ここで急角度で向きを変えるから流れは緩やかだ。それは、川を渡りやすいということだ。歴史的にも、元の時代、南宋を滅ぼしたフビライ・ハーンは、華南を攻める突破口としたそうだ。

また、古くから四川省と雲南省を結ぶ交通の要衝ともなってたんだ。

次に寄ったのは虎跳峡《こちょうきょう》だ。珍しい名前だが、後述する。金沙江はここに来て川幅が狭くなる。一番狭い所は二〇mしかないんだ。それが一五㎞に渡ってる。金沙江の急流は、ここに来て激流となって岩を噛み、高く飛沫を上げて流れ狂うんだ。正に世界一、二を競う大峡谷と言えるな。

さて、ここで虎が登場する。崖から飛び降りて来た虎は、激流の中にある虎跳石といわれる岩を足掛かりとして、縦横無尽に跳びはね対岸に渡っていくそうだ。

道路から石段を伝って、その淵まで降りていける。川縁に行くと飛沫がかかりそうで涼しげだ。

岩に腰掛けていたら、民族衣装の少女が二人寄って来て、我輩の両側に座った。同行の一人が写真を撮ってくれた。終わって立ち去ろうとしたら、少女が我輩の袖を引っ張るんだ。何だと思ったら、撮影料をくれと言うんだ。気がつかなかったな。

激流を跳び渡った虎の像

蔵医の診察を受ける

雲南省は、いろんな少数民族が集まった所だ。チベット族の集落へ行ってみた。チベット族には、彼らなりの医学があり、薬もあるんだ。「蔵医蔵薬」と書かれた土産物屋のような所へ立ち寄ってみた。

店の入り口の外側では、五〜六人の男達が地面にしゃがみ込んで、直径一〇cm、長さ八〇cm位の竹筒の一方の端に口を当てて、何やら吸い込んでた。竹筒の下の方には、火をつける棒が斜めに伸びてた。水たばこだってことだ。のんびりしてるな。

中にはいろんな蔵薬（蔵とはチベットの意）が並べられてた。説明によると、チベットの高原に自生する植物から採った生薬だってことだ。どれも、粘土を小さく丸めたような焦げ茶色の粒だ。いろんな効能があるらしい。

蔵医が健康診断もしてくれた。皆んな恐る恐る見てもらった。我輩はその気がなかったから一番後ろで高見の見物を決め込んだ。その内、医者の一人が我輩の存在が気になり出したようだ。手招きをされて仕方なく蔵医の前に進み出て、向かい合って腰かけた。

蔵医は、我輩の両の手首を掴み、机に押し付けるようにして脈を診だした。しばらくして、「どこも悪いところはないが、脂っこいものは食わない方がよい」と言って、薬を調合してくれた。西洋医学に慣れた我々からみると何となく不安だな。だけど、周りに居る五〜六人は、本当に医者のようだったたな。チベット医学の体系は整っているんだろう。

納帕《なぱ》海と言われる所に行った。一帯は広〜い草原だ。「海」と表現されているが、はるか遠くの山裾の方に水がある。その手前は草原と湿地帯だ。水のある方までは馬に跨って行くんだ。有料だ。馬子たちの客引きが騒がしく続き、客の配置が決まって出発だ。草原を行く馬の列は、ロマンチックだな。

我輩は馬に乗らなかったので、あたりを散策しながら写真を撮った。我が国で言えば尾瀬沼のような所かな？　井桁に組んだ柱の真ん中に、円形の太鼓のようなものを組み込んだ造り物など、宗教がかった物が配置されてたりする。そんな中で、水牛が草を食んでたりして厳かであり、のんびりもしてる。

足元の水の中をみたら、透明なビニール袋などが沈んでた。水はきれいなのに興ざめだな。味噌汁の中に飯粒が入ってるようなもんだ。付近にあった立看板には、いくつかの禁止事項が書かれてた。

区域内においては、鳥や四つ足動物を捕獲してはいけない。環境衛生には注意を払わなければいけない。そのことをお互いに監視しましょうってわけだ。逆からみれば、守れないからこんな看板があるんだな。

公徳心がない人は、どこの国にもいるんだな。

私も蔵医の診察を受け「異常なし」にほっとする

松贊寺はでかかった

中甸《ちゅうでん》でのホテルは、迪慶賓館《ちゅうけい》といった。三ツ星くらいのホテルかな。地方都市のホテルだから設備に期待を持つのが無理だ。でも、街の佇いからしたら立派な建物と言えるんじゃないかな。

夕食後、全員で夜の街へ繰り出してみた。上下二車線くらいの車道に、二メートル以上の歩道が両側に付いてた。この町のメインストリートだ。小さくても地方の中心都市としての風格は持ってたな。

街全体は夜の暗さの中に沈んでた。商店の電灯によってその周りが明るいだけだ。土産物雑貨を売る店、蔵薬を売る店なんかが並んでる。そんな中で大きな籠に履物を広げたのを建物の入り口に置き、男の子が石段に座って店番をしている光景が印象的だったな。あまり大きな街ではない。道もすぐ行き止まりになる。物足りなかったが、大人しく寝ることにしたよ。

翌朝、松贊寺《しょうさんじ》という寺に行く。この辺に住むチベット族が信仰する故郷の宗派の寺として建立したものらしい。だから、現地の宗派とは相容れないんだ。

ガイド嬢は、チベット族と納西族のハーフで、スラリと背が高く、うりざね顔の八頭身美人だ。だからバスに乗ってガイドをしてると、それを見かけた若者たちが嬌声をあげながら手を振るんだ。ガイド嬢はそ知らぬふりで案内してる。でも、すました娘じゃなかった。むしろ愛想がよかったな。

松贊寺はでかかった。小高い丘に沿って幾つもの建物が横に広がってるんだ。ちょうどチベットのタシルンポ寺を連想させるような寺だ。

中を一通り見せてくれた。本堂では小豆色の法衣を纏った若い僧が読経修業をしてた。堂の中には赤い太い柱が何本も立ってる。それに、赤、白、黒、黄、紺色の縫い合わされた布が垂れ下がってる。ローソクの灯だけの薄暗い中に読経の声が響き渡り、荘厳そのものだったな。

庫裏（台所）も見せてくれた。部屋全体が煤けて黒いんだ。土製のでかい竈《へっつい》の口からは、燃やした薪の灰がこぼれ落ちてた。かつて、我国の田舎家の台所で見られた光景とそっくりだったな。ここで作られる料理は、昔ながらのバター茶と麦こがしだ。たまに肉が少々。これでは育ち盛りの若い僧に足りるわけがない。でも、そこはよくしたもので、庫裏の後ろにパン売りが来るんだ。僧たちはそれを買って食うわけだ。

別棟には、仏像を造る工房があった。下から粘土を積み上げ、造像の最中だった。チベット人は信仰心が厚いと言うが、頷けるな。

境内ですれ違った坊さんに「オンマニペメフン」と挨拶したら、「オンマニペメフォ～」と返された。チベットで、「―ペメフォ～」と言って「―ペメフン」と直されたのに、どっちを信じりゃいいんだ。

育ち盛りの僧は食欲も旺盛

チベット文化に触れる

中国には、五十五の民族が住んでる。前にも書いたが、雲南省だけで五十一も居るんだ。

その居住地域は省の下の行政組織として、自治州って言うんだ。ここ中甸《ちゅうでん》を中心とする地域は迪慶蔵族《ちゅうけいぞうぞく》自治州だ。蔵族とはチベット族のことだ。だから、この一帯はチベット族の治める自治州ってことだ。面積は二万四、〇〇〇㎢位ある。千葉県の五倍弱だ。

全州の平均海抜は三、三〇〇m位で、雲南省では一番高い所だ。チベット族の本拠地のチベット自治区（省）も同じ位の高地だ。四川省の九寨溝地域にもチベット族は居る。やはり同じ位の高さがある。昔、四川省と雲南省の西側はチベットの領域だったんだ。チベット自治区はこの両省の西側にある。だから、チベット自治区を漢字では、「西蔵」自治区と書くんだろう。四川省や雲南省の地域は東蔵ということになる。現地に来て実感できることだな。

チベット族の民家を訪ねてみた。門をくぐるとでっかい家があった。二階建てで一〇〇坪位は優にあったような気がするな。

太い木柱で、厚い板を使った頑丈な造りで、いかにも重厚な感じだ。一階は、倉庫や家畜の飼料を保存しておく場所だ。二階が人の居住する場所になってるんだ。

中庭から階段で直接二階へ上がれる。応接間にはソファーもあり、ひと抱えもありそうな太い大黒柱が二本あった。床は板敷で土足のままだ。

広い部屋に通された。居間、仏間、台所が一緒になった、だだっ広い空間だ。家具調度品も重厚だ。うす暗いせいか全体が煤けて見えたな。

部屋の一角にでかい囲炉裏がしつらえてあった。一面に灰が敷きつめてあって煮炊き出来るんだ。足付きの巨大な湯釜と、煙突付きの長方形の炉があった。囲炉裏の周りには腰掛け台が造ってあった。我輩一行はそこに腰掛けたんだ。

この家の主人が出てきてバター茶を作ってくれた。太い竹筒に熱湯を注いで棒でこねくりまわして出来上がりだ。主人は、竹筒から茶碗に注いでくれた。塩気のあるバターの香りがしたな。普段は家族や親戚が集まってここで談笑するそうだ。日本人が忘れてしまった温かい家庭があったな。

この立派な家を建てるのに、親戚や友人が総出で手伝うそうだが、何故か、二〇〜三〇年で壊してしまうそうだ。もったいない事だ。

夕食は、レストランでチベット料理を食った。今日はチベット一色だ。食後はチベット芸能を見学した。芸能と言っても歌と踊り程度のものだ。しかし、民族色は豊かだったな。

ガイドは何を思ったか、マイクを取ると、我輩が中国語で挨拶し、中国語で歌いますと紹介してしまった。仕方なく、たどたどしい挨拶をして歌を歌ったよ。

クライマックスは、チベットの歌にあわせて全員で輪になって踊った。部屋の真ん中にある太い柱の周りを右に回ったり、左に回ったりして時の経つのを忘れたな。

チベットの民家を訪れる

龍門　日本文化の源流を見る

夕べのチベット族との交流は楽しかったな。そんな余韻に浸りながら、ホテルのフロントにあるソファーにポケッとして座ってたんだ。そしたら、現地のバスの運転手と女性ガイドが名残り惜しそうに寄ってきた。二人とはすっかり仲良くなった。中年の運転手は、たばこを出して吸えといったが、我輩は止めてしまったので断った。冷たいと思ったかな。

ガイドは、未婚だ。チベット族とナシ族の混血で、瓜実顔のスラッとした美人だ。何か話したそうだったが、北京語が通じないから雰囲気で気持ちを察するしかなかったな。気持ちだけのチップを渡そうとしたが、どうしても受け取らなかった。

彼らと別れ、迪慶空港から雲南省の昆明へ飛んだ。昆明に戻ったのは、行きの飛行機の中で会ったごろつきに狂わされた予定を消化するためだ。時間がないからそれこそ駆け足だ。だから、文章も端折る。

行った所は石林と昆明湖だ。石林については前にも書いたことがあるから省くことにした。

昆明空港のすぐ近くに滇池《てんち》という湖がある。麗江へ行く前にちょいとばかり寄った所だ。その時行かれなかった所で西山森林公園てのがある。滇池の北部、西側にあるんだが、そこに龍門という祠がある。

湖畔に迫る絶壁の中程にあるから、ロープウェーに乗って行くんだ。スキー場にある二人乗りのやつだ。壁面を抉って造った導入路を滇池を見おろしながら伝って行くと、「龍門」って書かれた門が出て来た。そこの壁面に横穴があって、入口に「達天閣」と書いてあった。なぜ、これを取り上げたかというと、日本人に馴染みがあるからだ。「登龍門」っていう言葉を聞いたことがあるだろう。ここがその謂われの場所なんだ。優秀で（運が良くて）出世の早いお方が通る門だ。

ここには、道教の二二の神々が祀られてる。中心にあるのは韋駄天だ。快足の韋駄天と出世、結びつくなァー。

もひとつある。入り口の右側の壁には瀧昇りをする鯉、左には龍が彫られてる。「こいのぼり」の歌にもあるじゃないか。「〽百瀬の瀧を昇りなば、たちまち龍になりぬべき」って。つまり、ここは出世の神様なんだ。日本文化の源流がこんな所にあったんだとしみじみ感じたな。

このあと、石林を見学したんだが、順調だった旅路にまた暗雲が立ち込めた。交通事故で帰り道が大渋滞してしまったんだ。三、四時間ストップさせられた。道端で立ち小便するやつが続出する始末だ。だから晩めしは遅くなってしまった。レストランでは、福々しい可愛らしい女の子が給仕してくれた。少しは心が和んだな。話が弾み満腹になった頃、ガイドは言った。

「宴たけなわではありますが、そろそろお開きにしましょうか？」

このシリーズは、これで終わります。次回からは、「内モンゴル〜黒龍江省北辺にかけて」を執筆します。

龍門達天閣の様子。中央に韋駄天、右に鯉、左に龍

内モンゴル～黒龍江省

2000年8月19日～8月30日

内モンゴルへ向け出発

二〇〇〇年八月、中国・内モンゴル自治区東北部から黒龍江省北辺にかけての旅に出たんだ。

日本建築学会っていう堅いところの主催だ。同地区の建築様式や暮らしむきを調査するという名目だ。参加者は、全国から集まった大学の建築工学の教授が主体だ。我輩は、設計士をしている高校の先輩、宮崎氏に誘われて参加したんだ。だいたい普通の旅行じゃ行かれない所だ。団長の名古屋工業大学の宮野名誉教授が、中国の知り合いに頼んで実現したんだ。昔、この辺を旅行した日本人の旅行記を読んで、是非行ってみたかったたって話だ。

内モンゴル自治区は、中国の北辺に東西に細長くへばりついた所だ。その北側は、大関朝青龍のふるさとのモンゴル国だ。中華文明とはかけ離れた所だ。我輩が行ったのは、東北部のハイラル（海拉尓）を中心とした草原地帯だ。

成田からハイラルまでの直行便はないから、取りあえず北京まで飛んだんだ。成田出発は四〇分位遅れたのに、北京にはどうしたことか予定より早く着いた。北京空港は新しくなって、これまでの重苦しさがない。明るい感じに生まれ変わったな。

福岡から参加した九州産業大学の佐藤教授夫妻と合流し、燕翔飯店っていうレストランで結団式をした。そこで、スルーガイドの李さんを紹介された。中年の背の高い美男子で声がでかい。

北京の街には車が大分増えたな。それでも、自家用車として一般への普及はまだまだのようだ。その証拠に、自転車が相変わらず多いからだ。

新しいビルはどんどん増えてる。斬新なデザインでカラフルだ。我国では見られない形だな。明るいのが何よりいい。最近、経済面で大躍進している中国。その首都北京にふさわしい風格を醸し出してるな。

北京では、新大都飯店っていうホテルに泊まった。〝部屋の相棒〟なんて言ったら失礼なんだが、それは横浜国立大学を退官した後藤名誉教授だ。身震いがしたな。

一行は十一人。少ないから余り気疲れはしないが、先輩の宮崎ご夫妻以外は存じ上げないので、早く覚えなきゃならなかったな。

新大都飯店なんて聞いたこともなかった。四ツ星のホテルだ。通りから奥まったところにあって、十三階建てででかいんだが、古いホテルだ。部屋の調度はよくなかったが、食堂の造りは重厚で落着きがあったな。

ホテルの前の道路は、幅が二〇m位あり、そのうち片側半分は、中程に高い並木のある歩道だ。北京の中心から北西にある。都心に近いが、緑に囲まれた静かな環境だ。

翌朝、出発前に散歩してみたが、車も人通りも少なくて公園の中にいるようだった。昔は超一流のホテルだったんだろうな。

新大都飯店前の道路

ハイラル市を目前にしてワクワク

八時にホテルのフロントに集合し、北京空港へ向かった。十時半、ハイラル（海拉尔）行の飛行機で十二時十五分に到着。二時間もかからないで到着してしまったが、それでも、東京から北海道の北端、稚内市位の距離はあるんだ。

ランディングの前に、機内から下界を見たら草原が一面に広がってた。これぞ「大地」だって感じだ。そんな中に畑が結構多かったのは意外だ。

なぜ、そんなことを書くかと言うと、ひと頃まで「土地を掘る人は死ぬ」なんて言われてたからだ。つまり、モンゴル人の生活は狩猟か牧畜（遊牧）が主体だったからだ。何がしかの社会的変革があったんだろうな。その謎は旅を続けるうちに分かったんだ。その場面になったら書く。

ハイラルはロシアに近い。通過する検問所のガラスにロシア語が併記されてることでも分かるな。ハイラル空港は小さい。だけど、空港前の広場には客待ちしてるタクシーが多かったな。

広場の一角には、二層屋根の東屋が建ってた。屋根の四隅は反り上がってて、その先は針金状の物が渦を巻いてた。中華風の建物とは違って、いよいよモンゴル地方へ来たなって感じたな。

ワンボックスカーに乗り込んだ。暫く進むとアスファルト道路の長い下り坂の先の方に、ハイラルの街が見えてきた。ワクワクしたな。

ハイラルって街の名は、マンチュリー（満洲里）と共に、年配者には聞きなれた懐かしい名前だろう。

ハイラルとは、植物の野蒜《のびる》って意味だ。人口は二五万人で、エルング河の東側に開けた所だ。市の真ん中をイビン河が流れてる。

十三時頃、ホテルに着いて昼食だ。面白いことにホテルに食堂がないのか知らないが、隣りのビルの食堂で食ったんだ。十五時過ぎに市内見物に出かけた。

ハイラル市のある一帯は、ホロンバイル（呼倫貝尓）盟っていうんだ。盟は省と同格だ。しかし、どうも分かりにくいな。内モンゴル自治区は省と同格なのは分かる。自治区の中にある盟が省と同格といったって混乱するばかりだ。

このホロンバイル盟には、二〇の少数民族が生活してる。その人口は一四万人だ。モンゴル族とオウェング（鄂温克）族が多い。残留日本人も三七名いるそうだ。オウェング族は、ホロンバイル、ウルムチ、黒龍江省に多い。彼らは、文字を持ってないってことだ。

オウェング博物館を見に行った。その前庭には武装したオウェング族の名将、ハイランダー将軍の騎馬像があった。来館者を威嚇してるようだったな。

館内には、ホロンバイル盟の植物や鹿など動物の標本があった。珍しいのは、ツォローズ（撮羅子）っていう建築様式だ。丸太で円錐形の骨組みを作り、その上から鹿の皮や厚いテント用の生地を巻きつけたテントみたいな物で、三〇分位で出来上がってしまう。狩猟に行く時など現地で組み立てて、寝泊まりするのに使うんだ。

撮羅子と鹿の剥製

中核都市ハイラル

イビン（伊敏）河の西、ハイラル市政府の裏手に、西山国家森林公園てのがある。小高い丘全体が公園になってる、だだっぴろい区域だ。

　ゲートを入ると右手に二階建ての六角屋根の建物がある。今では使われてないようだが、何のためにあるのか分からないな。

　その左側を草むらを貫いて太い砂利道がずっと奥の方へ伸びてる。この道はやがて左にカーブし、道の右側に「民俗風情園」って書かれた横看板があるゲート（と言うより木の柵）が出てきた。ゲートの突き当たりには、レストランがあった。ただ、だだっぴろいだけでまとまりが感じられないんだな。何となく気持ちも落ちつかないんだ。

　更に進むと松林が出てきた。この公園は、通称「松山公園」って言われるだけあって樟子松（赤松）が二、〇〇〇本も保存されてるんだ。その内、五〇〇本は五〇〇年程、一、〇〇〇本は一〇〇年以上の樹齢だってことだ。中でも古株は根っ子が地上に浮き上がってて、巨大な蛸の足のようだったな。

　草はらの遠い彼方に、ハイラルの街の建物や煙突が見えた。人口二五万人とはいえ、ハイラル市はでかいな。泊ったバイアル（貝爾）大酒店の付近は繁華街で、三角地商場っていうデパートがあった。道路も広い。人ごみは中国のどこの都市とも共通した熱気だ。この辺一帯は、漢民族が多いんだな。露店の佇いをみりゃ分かる。洋服の吊るしんぼ、台に並べたいろんな果物、路上のレストラン、北京や上海の横丁と変わらないな。ここは我国で言やあ、札幌や仙台、新潟、広島、福岡と言ったような中核都市なんだ。鉄道も四通八達してる。ここから東は黒龍江省ハルビン（哈尔滨）、西はロシアのモスコー（莫斯科）、南は北京、北は黒龍江省の北端モハ（漠河）まで行けるんだ。

晩めしは、ジンギス汗料理だ。その昔（十三世紀）草原の覇者ジンギス汗が野戦で兵士を鼓舞するため、羊の肉を焙り焼きにして食わせた料理で、カオヤンロウ（烤肉）っていう。どんな所へ行くのか期待に胸を膨らませながらバスに乗り込んだんだ。

着いた所は、野外のバーベキューじゃなかったな。鉄板製のパオ（包）で、観光用に作られたレストランだ。敷地内に同じやつが七つ並んでた。入口のゲートを横断して、「旅遊邨」って書かれた看板がしつらえてあった。上に呼倫《ホロン》貝爾《バイル》盟《メイ》海外旅游総公司って書かれてた。拍子抜けしたな。

内部は、中央にでっかい丸テーブルがあって、その真ん中にシャブシャブ用の鍋が湯気を立てて た。なんだこりゃシャンヤンロウ（涮羊肉）じゃないか。誰だジンギスカン料理だなんて言ったやつは。我輩の聞き違いじゃないぞ。ま、能書きはあとにしよう。今は腹が減ってるから詰め込むのが先だ。

モンゴル料理（パオの内部）

大草原を走る

朝、ホテルの廊下の窓から外を眺めた。目の前に煉瓦積みの太い煙突が視界を妨げてたな。冬は寒いんだろうな。目に入ったホテルの建物の中庭の造りは、ロシア風だって気がついたよ。いよいよ今日から、モンゴルの大草原に向けて出発だ。小学生の遠足の前の晩のように、ワクワク、ソワソワしたな。

先ず目指すのは、ラプターリン（拉布大林）って所だ。アスファルト舗装の道路が草原を切り割いて真っ直ぐ伸びてるんだ。道だけ真っ直ぐで、ところどころ起伏があるって感じだ。見える物は道に沿って並ぶ電柱と草原だけだ。

やがて、多数の乳牛が放牧されてる所にさしかかった。降りて見学したいと言う者がいて、バスは道を外れ大草原の中に入って停まったんだ。

皆んな一斉にバスから降りた。我輩一行だけじゃなく、運転手も女性ガイドもだ。彼らは、馬の背に跨りそこらあたりを軽快に走り出したんだ。晴れた空の下で気持ちよさそうだったな。勤務中に我国ではできないことだな。

たくさんの牛が放し飼いにされてた。ここらでは牛一頭が二、〇〇〇元（三万円）、羊一頭が二〇〇元（三、〇〇〇円）位で取り引きされてるって話だ。この辺りは、北緯五〇度くらいだ。北海道の北の島、樺太の真ん中と同じ緯度だ。八月の下旬だったけれど、きっと涼しさを通り越して肌寒いかなと思ってたんだ。逆に暑かったんで驚いた。皆んな半袖シャツだ。

この年、我国の金華山周辺では、南方の魚イナダが豊漁で、北方の魚サケが不漁だったそうだ。これは、海象に変化が起きてるってことらしいんだ。そうなるとやっかいなことになるらしい。つまり、海象ってのは保守的だから、海温が三度上昇してしまうと、なかなか元には戻らないんだな。海象の変化が人為的なものじゃなきゃいいんだが。

話が逸れてしまった。暫くしてバスに乗り込んだ。また、おんなじ景色の連続だ。さっきまでと違うのは、舗装道路じゃなく土の道だ。轍《わだち》の跡だけが上下二本ずつ続いてたな。道は地平線に吸い込まれるように続いてる。青空の下の草原の大地。心が広く大きくなるな。やがて、遠くに白い物が見えてきた。近づくと、円錐形のテントや円形のパオ（包）の群だった。どれも白いシートで囲われてたな。パオの屋根の上の方には、モンゴル風の模様が青いペンキで描かれてた。どれも端正で、出来たてのように綺麗だったな。更に近づくと、看板が建てられてた。看板には、「金帳汗部落」って赤い字で書いてあった。どうも整いすぎていると思ったら、ここはハイラル市観光局運営の観光客用のパオだったんだ。幌馬車があったり、太い丸太を跳馬台のようにしてあったり、見張り櫓のようなものがあったり、西部劇調なんだ。

馬にまたがる運転手

観光用のパオと生活用のパオ

　観光用のパオだが、それらしく綺麗に出来てたな。円錐形の物や円形の物が、芸術的間隔をもって配置されてた。テントやパオの間に櫓があったり、水車のようなものが空中高く掲げられてたり、建植された太い枯木の天辺に擂《す》り鉢のようなものが載せられてたり、長い轅《ながえ》が二匹の甲虫が角を突き合わせるような形で置かれてたり、リヤカーがあったり、また、切り妻の屋根の庇が地面まで着いたログハウスのトイレが四棟並んでいたりで、全くモンゴルらしからぬ風情だったな。

　メインのパオの中に入ってみたら、正面奥のカウンターに赤、白、緑、青、水色のフワッとした薄い布が並んで掛かってた。近づいたら、それらが一斉に動いて裏返しになった。ビクッとしたな。それが何なのかすぐに判った。五人の娘たちだったんだ。彼女らはカウンターに肘を着いて、頭を寄せ合って井戸端会議をしていたんだ。丸テーブルがいくつも並んでた。どうやら、レストラン兼用の休憩所らしい。彼女らは、水色のカーテンで仕切られた窓際の一角に我輩一行を案内し、お茶を入れてくれた。

　しかし、こんな観光用の施設じゃ深みがないな。大学教授の皆さんは、実際の生活に使われてるパオを見に行きたがった。何しろ、少数民族の民家の構造を調べに来たんだから。そこで、またバスに乗って草原の道なきところをひた走りに走ったんだ。丘程度しかない起伏のなだらかな草原だった。やがてパオが一つ見えてきた。傍まで行ってみたら、直径四mにも満たない粗末なものだったな。全体が白いシートで覆われてて、その上からロープで結わえつけ、風で膨らまないようにしてあった。屋根からは煙突が一本出てたな。入口は一ヶ所で開けっ放しだ。中は一間で全部丸見えだ。誰もいないようだった。念のため「こんにちは」と言ってみたが、答えが返ってくるわけもないな。

パオの内部の壁にあたる部分は竹で矢来が組み込まれてた。家財道具といっても、布団が敷きっ放しの鉄パイプのベッドが幅を取ってて、もう一つある台の上には毛皮や衣類が雑然と積み上げられてるだけだ。ほかには水の入ったバケツと、割れて赤い身の見えるスイカが転がってた。一口でいえば、物置の中のようだったな。

ガイドの説明によると、食い物は自由に食っていいけど、持ち出しちゃいけないってことだった。

教授たちは、中に入り、メジャーを取り出して、パオの寸法を測ったり、結果を絵にしたりしたんだ。そのうち、遠くの方から馬に跨った男が近づいてきた。パオの傍まで来ると馬から降り、野次馬の一人として、我々と一緒に内部を覗きだしたんだ。ニコニコしてる。彼はこのパオの持ち主だったんだ。大らかで大陸的な人だったな。日本のタバコを一箱くれてやった。

パオの主人（左）が「何事か」と覗き込む

モンゴルのロシア人部落

気のいいおじさんと別れて、更に一km位離れたところのパオに行ってみたんだ。小綺麗なやつだったが、住人は母と結婚適齢期の娘が二人で暮らしてた。力仕事はどうするのかと思ったら、それはよくしたもので、アルバイトの男子学生を雇っていたんだな。彼が家畜の世話から、力仕事をやるんだ。寝泊りは同じテントだ。いずれ許嫁《いいなずけ》になるんだろうな。

バスはまた、草原の中の道に出た。目指す所は、ラプターリン（拉布大林）。行けども行けども草原と、その奥に見える起伏のなだらかな丘の連続だ。ところどころ家並のある所を通り、ラプターリンに着いた。エルクナ（額爾古納）市にある村の一つだ。日本の場合、県→市→町村となるんだが、中国では、市→県→村となるんだ。亜欧飯店というホテルで宿泊の手続きをし、遅い昼めしを食った。その後見学に出発だ。

エクルナを中心とする地域は観光資源が豊富で、旅行社がいろんなプランを用意してるんだ。風光明媚な河岸や、原始林、ロシア人部落見学、龍岩山、成吉思汗《ジンギスカン》の像など、あるいはモスクワまで行ける。それらは、日帰り旅行から長くて一五日間というのもある。費用は日帰りで二、六〇〇円、三泊四日で一万二、〇〇〇円位だ。

我輩一行はロシア人部落を見に行った。ホテルから一〇〇km足らずの所にある恩和農場だ。中華文明とは、かけ離れてたな。人種は勿論ロシア人だ。だけどロシア語は話せない。中国語だけが意志の伝達手段だ。奇異な感じがしたな。

部落の周囲にある丘の向こうはロシアだ。丘を越えればロシアに行けてしまうのに行こうともしないいんだな。これは、過去にくり返された戦争の結果、中国領にとり込まれた所なんだろうな。

街はあるが、だだっぴろい広がりだ。道路の面は土のままでかなり広い。両側に排水用の溝が掘ってある。家は木造で丸太を横に積み上げ、屋根は板葺きの平屋が殆どだ。隣との境は丸太を立てた柵だ。豚や家鴨が放し飼いにされてた。人々は寡黙だが、素朴な感じがしたな。

家の中を見せてもらったり、測量したり、自由時間をとった。キリスト教が生活の基盤になってるようだったな。聖体献示台なんかあったからな。

印刷屋をやってるという青年の家に行ってみた。窓ガラスに紙を貼ってあった。よくみると、横書きで日本語が頁の上半分に書かれていて、その下段は中国語の対訳になってた。満州国時代のものらしいな。

路上が騒がしくなったから行ってみた。オートバイに乗った警官が取り調べに来てたんだ。我輩一行の人員が二人多いというんだ。考えてみたら、福岡空港から出発した教授夫妻が記載もれだった。説明しても警官は理解しないで、女性通訳の一人をうしろに乗せ交番へ連れて行ってしまった。

ロシア族の部落（後の山の向こうがロシア）

ロシア族の民家を訪ねる

ここは、中国唯一のロシア村だ。人口は三、〇〇〇人。内七五%はロシア人並びに、ロシア人と漢人との混血だ。

先の警官は漢人だった。統治のあり方が垣間見えるな。ガイド嬢が戻ったところで帰路についた。間もなく暗くなる頃だったな。ロシア人の墓のある丘の麓を通った。小さな小屋が間隔を置いて建ってた。説明されないと墓とは思えなかったな。

少し走ると、あたりは真暗闇になった。日本にいれば田舎へ行っても何かの灯りは見えるはずだ。ここでは何も見えない。心細い限りだな。やがて遠くに灯りが見えてきた。近づいてみると、小さな木造の土産物屋だった。人のぬくもりを感じて安心したな。「額尔古納市三河鎮冬青商店」と看板に書いてあった。

看板から想像するのには、期待はずれだったな。日用雑貨や食料品、それも主として袋入りの乾物だ。それらがガラスケースや棚に並べられてた。量は多くない。それでも裸電球の下でノスタルジックだったな。子どもの頃の日本の駄菓子屋がふと目に浮かんだ。だけど買えるような代物じゃなかったな。売子のおばちゃんは、さかんに買ってくれと推める。一計を案じて店内の品物を写真に撮り、「これで全部買ったことになる」と言ったら店内は爆笑となった。

また暫く走った。額尔古納市街に近づいた所でバスは止まった。暗くてよく分からなかったが人が立ってた。それはロシア人男性で、彼の家で夕食をとることになってるってことだった。観光コースに組み込まれてるようだな。彼はバスに同乗し、自分の家まで案内した。これまで見てきた家より程度はよかったな。庭らしい佇いがあり、その奥に家があった。食堂に通された。暗闇を通って来たせいか、電灯が明るく感じたな。

中流の家なんだろう。観光用に提携してるのかもしれないな。家具調度品はけっこう揃ってた。テレビもあったな。天井にはシャンデリア、窓にはふくらみをもった床まで届く長いカーテン。壁かけ時計は夜の八時半を指してた。クロスを掛けた丸テーブルには、ロシア調の食器が並べられてた。ナプキンも用意されてた。普段の生活でもここまでやるのかな？　琺瑯《ほうろう》びきのコップは、ほかの食器とはちぐはぐだな。ここまで準備が整ってると、きっと料理も旨いんじゃないかと思うだろう。だけど、ロシア料理ってのは大味だ。上等なものは違うのかもしれないが、日本料理のような繊細さは感じられないな。ビフテキ並のでかく分厚い焼肉が皿にデンと乗せられてる。ピーマンは丸ごと調理して出てくる。重量感があって、食う前から腹いっぱいになってしまう感じだな。

ロシア人の家で出された夕食

食糧倉庫が現れる

きのうは一日バスに揺られ、夜遅くまで活動したので今朝はゆっくりすることになった。朝めしは八時だ。野次馬根性旺盛な我輩は、その前にカメラ片手に一人街の様子を見に行った。泊まった西欧賓館は市の中心地にあるようだ。ホテル前の広い通りの向い側には市役所や裁判所、国際旅行社などがあったからな。

役所の看板は、漢字とモンゴル文字のと二枚掲げられてた。古い建物の壁面と一体で、浮き彫りになってる看板は昔のままだ。「額尔納右旗土産生産建材公司」なんてのがあった。「旗」っていうのは、行政単位の一つで、中国でいう「県」に当るんだ。中国で発行されたこの辺の地図を見ると、巴林左旗、奈曼旗なんてのがある。少数民族が治めてる所は、自治旗となってる。別に○○県という表記もあるからややこしいな。最近、エルクナ（額尔古納）は旗から市に昇格したってことだ。

九時にホテルを出発。トウェン（囤）という食糧倉庫を見に行った。きのう、この街に着いた時バスの中から見たやつだ。その時は何だろうかと思った。トンガリ帽子の屋根がいくつも並んでて異様な感じがしたんだ。

門柱に「額尔古納市第一糧庫」って看板があった。囤は直径七m、高さ七m位でアンペラで包まれてた。巨大な俵が置かれていると思えばいい。これ一つで一、〇〇〇人が一年間食える穀物を保管しておけるってことだ。こんなのが何十個と並んでたな。エルクナ市の人口は、せいぜい一万人位だろうからこの地方一帯の食糧倉庫なんだろうな。

ホテルに戻って十一時に昼食、十二時に再出発だ。向かう所は北東一四〇㎞にある根河市だ。また、例によって草原中心の単調な風景だ。ただ、これまでと違って時々集落が現れたな。額尓古納左旗という所も通った。交番に連れて行かれたのとは違うもう一人の女性ガイドが、運転手にしきりに話しかけてる。二、三日のうちに仲よくなってしまったのかなと思った。あとで分かったんだが、単調な景色で運転手が眠くならないように、運転助手を務めていたようだ。やがて道路に跨るゲートをくぐって少数民族の集落に入った。中高層のビルもあったが、たいてい煉瓦造りの建物や木造の家が多かったな。

街の中心と思われる一角に木造の家があった。ロシア族の集落で見たのと同じような粗末な家だ。その道（建築家）の人達から見れば、民族独特の個性ある民家なんだろう。教授達はメジャーを持って中へ入って行った。我輩も後に続き、測っているメジャーの真ん中を持ってやった。そしたら我輩を挟んで一方の教授から、反対側の教授に「メジャーを水平にしてくれ」と声がかかったので我輩は慌ててメジャーから手を離したんだ。

食糧倉庫

根河の女性店員

また根河市へ向け出発だ。広い川のへりを通ったり、丘陵のそばを通ったりしながら先へ先へと進んだ。樹木が大分増えてきたところで、街場が見えてきた。

入口付近の道路には遮断機があって、入って来る車をチェックしてたな。ボーダーレスの時代にまだこんなことをやってるとは、我輩らとは感覚がずれてるな。道路はところどころ工事をしてたり、路線を矯正したりしてた。そのたびバスは遠回りをしなきゃならなかった。

牧草を満載した台車を引っぱるトラックが、道幅の半分以上を占めてのんびり走ってる。車が替われるとは思えないくらいだ。バスはクラクションをけたたましく鳴らして脇へ寄せ、何とかすり抜ける。

そんなことを繰り返しながら根河の街へ入った。人口一万人というが、結構でかい街だったな。幅が二〇mはあるメインストリートの両側は、高木の並木になってて、その脇幅一〇mが歩道だ。通行する車が少ないから、自転車や人が大通りを往来してた。街に圧迫感がなくていいな。

根河賓館というホテルに入った。ガイドが宿泊手続きをしている間に、売店に行ってみたら畳一畳位の額入り写真が飾ってあった。見ると、日本庭園の写真だった。色褪せていていかにも古々しいやつだ。恐らく戦前の満州国時代のものなんだろうな。

部屋が割り当てられるとみんな籠りきりになってしまった。長時間バスに揺られてきたんだから仕方ない。晩めしまで時間があったから、ガイドを誘って街へ出た。断っておくが、ガイドは男だぞ。二人でトボトボ歩いた。アーケード街があったり、マーケットがあったりしたな。田舎街にしては内容があったな。やはりこの辺の中心都市なんだな。ガイドも疲れてたんだろう。またあした案内することになってるからって言って道を戻り出してしまった。

ホテルの前まで来て、ガイドと別れ、今度は一人で反対の方へ歩き、途中で左折した。暮れ始めた街はわびしかったな。本屋があったから入ってみた。買いたいのは旅行案内書とか観光案内書だ。あるいは、子ども向けのやさしい童話とか詩集だ。いきがって、学術書なんて堅いのを買ってみたところで、一頁も読まないうちにゴミになるだけだ。子ども向けの本なら、易しく書いてあるし、辞書を頼りに何とか読めるんだな。例えば「竹取物語」とか、「白雪姫」なんてのを買った。これだったら筋書きがわかってるから、何とか読めちゃうんだな。表現の仕方もわかる。中国語の勉強には一番いいんだ。

代金を支払う時、売り子の中年女性が便箋に何かを書いて、それを本に挟んで渡してくれた。ホテルに帰って、何かの伝票かなと思って見たら、彼女の名前と住所が書いてあったな。

根河の書店で買った詩集

侘しい田舎を視察

朝飯を済ませ、九時の出発まで時間があったので、街へ繰り出すことにした。夕べは疲れてもいたし、ざっと歩いただけだ。だから、少しゆっくり見学することにしたんだ。大通りの両側は高い並木になってる。幹の根元から上は白く石灰が塗られてる。中国のどこへ行っても同じだな。虫除けだ。

アーケード街の商店を見て回った。時計、カメラから日用品まで。また、レストラン、美容院、カーペット屋など規模は小さいが一通り揃ってるんだ。マーケットもあった。城門のような構えの中は、両側に小さな商店が並び、その間にはいろんな食糧品が棚に並べられて、ずっと先まで続いてた。天蓋は、明かり採りと雨除けを兼ねてるんだ。食糧品が主体だ。野菜、果物、香辛料、穀類、そのほか雑貨など何でもある。珍しかったのは、黒い米（一kg五元＝七五円）や蒸した松ぼっくりだ。黒い米を一kg買った。日本へ帰ってから電気釜の米に大サジ一杯分を混ぜて炊いたら、全部が真っ黒になってしまったのには驚いたな。

今日はウリクマ（烏力庫瑪）林場というところへ行った。林業について調べに行ったんじゃない。例によって少数民族の民家の構造を調べに行ったんだ。着いた所は、いやになってしまうような侘しい片田舎だったな。小雨がパラついてた。砂利で固めた道のあちこちに水溜まりができてた。街区なんてなかったな。草だらけの原っぱの中に民家が点在してた。丸太を立てて扉を巡らした内側に板葺き屋根の粗末なバラックが雨に濡れ、黒光りしてたな。

木造の門をくぐり、その一軒に入った。老女が出てきて気持ちよく応対してくれたな。測量が始まった。近所の家から幼児が二人、物珍しそうに出てきた。それにアヒルが付いてきた。二人は不思議そうに外国人を眺めてた。

どんよりした雨空。八月下旬だが肌寒い。水溜まりができた草だらけの道。侘しさが募るなァー。

ウリクマ駅がすぐ近くにある。駅舎があるだけで辺りには何もない。ちょうど列車が入ってくる所だった。軽便鉄道だが、ディーゼル機関車がバカでかく見えたな。線路はトロッコ並の細い物だった。列車は駅に入る手前でスピードを緩め、最徐行した。林場で仕事をする人だろう、何人かが飛び降りた。列車は再びスピードを上げ出した。道床が軟弱だ。レールが上下に浮き沈みする。この機関車の重量で持つのかなァと思った途端、機関車は脱線し、右に傾いてしまったんだ。一四、五人いたかな。駅の方から男達が繰り出してきた。道床を掘り起こし枕木を整えた。丸太を梃に力を合わせ、車輪をレールに戻した。別に驚いたようすもなかったな。

私達を珍しそうに見つめる幼児

休暇村に寄る

　ウリクマ駅の近くで、帰り道を右折したところにリゾート地があった。中国風に言えば休暇村だ。昼どきだったので、そこの林の中にある玉溪閣というレストランで昼めしを食った。連絡してなかったのか、少し待たされたな。部屋の中をウロウロしてたら、女性ガイドの一人が寄ってきて、日本語を教えてくれと言うんだ。そばのテーブルに座り、五十音の平仮名、片仮名を教えた。のみ込みは早かったな。

　いつの間にか同行の佐藤教授の奥さんが、のぞき込んできた。彼女は北京語がペラペラだ。監修を受けてるようだったな。

　昼めしは、黒米を炊いたまっ黒なごはんと、おかずは豆腐の煮込み、炒め物、煮魚や饅頭だ。レストランのそばに池があった。その向こうは森だ。昼休みを利用して二人のガイド嬢は橋を渡って、森の中へ入ってしまった。彼女らにとっても珍しい場所なんだな。出発間際に汗をふきふき小走りで戻ってきた。

　休暇村にある建物はログハウスが中心で、山小屋風だ。池にはボートも浮いてる。ヨーロッパのような風景だな。ネットフェンスで囲われた中には、トナカイがいた。内容的には貧弱だが、中国人の感覚からすれば結構楽しめる所なんだな。

　夕方ホテルに戻った。少し休んで十八時に夕食をとり、十九時には次の目的地に向け出発だ。十九時四十五分、伊図里河という駅に着いた。列車が出るまでには小一時間ある。待合室は一杯だったな。

　時刻表には、列車番号と出発駅、終着駅の時刻が書いてあった。出発地と到着地はまちまちだ。この駅に止まる列車は、一日一五本しかないんだ。そのうち同じ出発地から、同じ到着地へ行く列車は二本しかない。この駅から終着駅まで行くには、一日一回しかチャンスがないんだ。不便だな。

我輩一行は、これから阿里河という所まで行くんだ。到着時間は、真夜中の零時二十分だ。この列車はとなりの図里河駅を二十時二分に発って、黒龍江省のハルピンに翌日の十三時十四分に着くんだ。阿里河はその途中にある。大陸を感じるな。

今晩で、ハイラル（海拉尓）の旅行社のガイドともお別れだ。プラットホームをウロウロしてたら、二人の女性ガイドが寄ってきたので一緒に写真を撮った。暗いホームにダークグリーンの列車が入ってきた。列車が走り出した時、昼間日本語を教えたガイドがホームから我輩に早口で何か言ったんだが、分からないから適当に相槌を打ち、手を振ったんだ。例の佐藤教授の奥さんが、我輩に言った。「今、彼女が何て言ったか分かったんですか？」「いや、全然」「あなたに抱きつきたいって言ったんですよ」。

池にはボートも浮かぶヨーロッパ風の休暇村

北魏時代の洞を見学

零時半頃、阿里河の嘎仙《かせん》賓館って名のホテルに着いた。「嘎」は見なれない字だが「カ」と読むんだ。

ここは、オロチョン（鄂倫春）族の村の中だ。我国では、オロチョンと読むが、エォルンチュンというのが原語に近い読み方だ。

フロントの背面には、「オロチョン族は、あなた様を歓迎します」と書いてあった。漢民族の経済力をあてにしているんだろうな。ここでは仮眠しただけで明日は泊らない。翌朝早く出発した。辺境地で旅程を組むのは大変なんだ。

阿里河駅近くにあるオロチョン族の資料館へ行った。せっかく来たのに工事中で、展示品は狭い一室に押し込められてた。だから、入口からざっと眺めて終わってしまったんだ。

資料によると、オロチョン族は六、〇〇〇人位だ。男は一日中酒浸りだそうだ。だからオロチョンの女は、オロチョンの男とは結婚したがらないってことだ。今の中国（中華人民共和国）になった一九四九年からは、煉瓦造りの家に住むようになったんだ。

九時過ぎに、嘎仙洞っていう洞を見に行った。雨の中、バスで三〇分程の所だ。涯の中腹に自然のでっかい横穴が空いてるんだ。登って行くと、途中に「嘎仙洞遺址」って書かれた石碑が建てられてた。洞は、東向きに口を開けてて、奥行きは一〇〇m以上、幅は二〇m、高さも二〇m位はある。

ここには、北方民族の拓跋鮮卑《たくばっせんぴ》族が最初に住みついた。五世紀頃のことだ。拓跋鮮卑族は、北魏王朝を建てた（三八六〜五三四年）。

この洞は未発掘だが、中国の北方民族の歴史を知る資料として重要なんだ。因に、この洞内には何百人の人が生活してたってことだ。雨の中を帰る途中、集落に立寄った。広い砂利道の両側に家が建ち並んでた。どれも、木造の切妻の家だ。

　メインストリートから路地裏に入った。雨で道はぬかるんでたな。道の両側は草だらけだ。広くなった道端の一角に、生ゴミがトラック一杯分も積み上げられてた。そんな中の古びた民家を訪ねた。ウリクマで見たのと同じような佇いだった。材木を並べて塀を造り、その中にあった小さな家だ。家の中に若い男女が居た。家の中はガラン堂で何もないんだ。台所を真ん中にして、左側に寝室、右側に居間があった。台所には、カマドが設えられていて、そばに琺瑯びきの白い洗面器が一つころがってたな。その奥には、手押しの井戸ポンプが立ってた。いくら何でも、これじゃ廃墟じゃないか。どうして何もないのか、と聞いたら、親から貰ったもので、これから結婚し、改装して住むんだと嬉しそうだったな。

嘎仙洞の内部から外を見る

悪路を右往左往

十四時半頃、バスで次の目的地のチャカタチ（加格達奇）に向け、バスで出発した。チャカタチにも鉄道の駅はあるんだが、前にも紹介したように、阿里河を発つ列車は夜中だから待っているわけにもいかないんだ。

中国の悪路は半端じゃない。この旅程もそうだった。その原因は工事中であったり、自然条件がそうさせたりする。今回は、その両方を味わうことになったんだ。

最初は工事中の道だった。森林原野を切り拓いて造った道だろう。上下二車線ずつありそうな幹線道路だった。雨の降る中、進行方向右側をコンクリート舗装してたな。従って、左側を交互交通してたんだ。道路の中央には、工事によって掘り出された土が積み上げられてた。水溜まりの出来たでこぼこ道をバスは慎重に走った。対向車との交換も容易じゃない。やがて、道路が横断して崩され、石が邪魔して進めなくなってしまった。

しばらく立往生してたんだが、そのうち一台のマイクロバスが目の前を横断した。よく見ると、さっきすれ違った対向車だったんだな。左側の低い平行した道路から出てきたんだ。そうか、あの車もここまで来て逆戻りし、左側の道へ入ったんだ。その時すれ違ったんだな。我輩一行もバックすることにした。さっき左側にあった右側の道との間には段差があるんだ。右側の道に降りるところがない。しばらく走ったが、見つからない。さっきの車が要した時間からするとおかしい。また逆戻りして、やっとマイクロバスが降りたであろう轍を見つけたんだ。

道路を横断した工事箇所を過ぎると、上下線とも舗装が終わってた。バスは快適に進み、やがてチャカタチのビルが見えるところまできた。「一難去ってまた一難」って言うだろう。今度は、目もあてられないようなぬかるみだ。トラクターで耕した畑に、大雨が降ったようだ。先に行ったマイクロバスがタイヤをとられて立往生だ。またバックしなきゃならない。途中に工事中の巨大なショベルカーが分岐点を塞いで止めてあるところがあったんだ。そこまで戻って、管理事務所にかけあってやっと許可されたんだ。ショベルカーをどかして入った道は舗装されてた。バスは快走して、暮れかかったチャカタチの街に入った。十七時半頃だった。三時間もかかった。恐らく倍の時間を要しただろうな。

チャカタチは、人口一五万人。内モンゴル自治区の東北端にあって、東は黒龍江省に隣接してる。町の歴史は五〇年しかない。防災の目的で造られた。全国各地から集まった人で構成されてるんだ。林業が主な産業だ。この一帯は寒冷の地で、平成六年二月には、零下五六度を記録したってことだ。

雨が降って田んぼのようになった道路

大興安領を列車で走る

十八時、ホテルに着いた。高台にある北山賓館っていう名の重厚長大型のホテルだ。玄関から眺めると、前面遠くに住宅街が広がってた。せっかく内モンゴル自治区の片田舎まで来たんだ。変わった土産物などないかと思ってフロントへ行ったが、全く何もなかった。

入口にあった看板を見て、おや！と思った。「黒龍江省大興安領地区北山賓館」って書いてあるじゃないか。わけを聞くと、この辺は両省が入り混じってて、実状は黒龍江省で通ってるようだ。そのうち地図は塗りかえられるだろうな。ここでの滞在は今晩だけで、明日は朝から一日中列車の旅だ。この際、このあたりのことについてもう少し語っておこう。

チャカタチの年最高気温は三二度、最低は零下四六度、年間平均は零下三・五度位だ。無霜期間は年一二四日。寒冷の地なんだな。丁度、新世紀広場ってのを造っていたが、もう出来上がった頃だろうな。

ここは、北極のオーロラが見える南限の地だ。昔からゴールデンロードと呼ばれ観光資源になってる。大興安領は、「中国最北の翡翠」といわれるほど緑の多い所だ。森林の宝庫とも呼ばれてる。地下資源は、金、銅、石炭、泥炭、大理石、ミネラルウォーターなど三十種類。特に、金の埋蔵量は、一五六tといわれてるな。漢方薬の原料となる野生山草も多い。

大興安領二〇一〇年計画ってのがある。盛んな林業を活用して、製紙工場、製板工場の建設計画、水力、火力発電などエネルギー産業、健康食品製造計画等だ。鉄道は、北京、ハルピン、瀋陽、天津、ハイラル、満州里などに繋がってる。

翌朝七時にホテルを発った。十分位でチャカタチ（加格達奇）駅についた。タクシーが多いのには驚いたな。それにしても、一日二〇本もない列車の発着にしては駅舎は立派だな。

駅構内には、「旅客須知」とか「旅行常識」と題する看板があった。こんなのがあるってことは、市民は列車に乗る機会が少ないってことだな。列車は七時五十一分に発車した。これから十時間位かかって、中国最北端の西林吉（漠河）まで行くんだ。漠河は黒龍江のそばだ。町中を離れると、森林原野だけの風景となった。時どき川を渡る。そんな中に一〇軒前後の家が寄り添う集落があったりしたな。

いくつかの駅に止まりながら先へ進む。旅客の多い駅もあれば、まばらな駅もある。昼めしは食堂車だ。長距離列車だから食堂車は必ずついてるんだな。結構上等な車内だ。料理も悪くない。

午後も相変わらずの風景だ。森林、原野、川、なだらかな起伏の連なりの繰り返しだ。ふと、気がついた。大興安領山脈が見えないじゃないか。聞くと、この鉄道は大興安領の山頂近くを走っているからだ、と答えが返ってきたんだ。

列車の車窓から見える小さな集落

オーロラを見に行く

列車は十七時二十七分に西林吉（漠河）っていう終着駅に着いた。時刻表よりも二時間も早いんだ。途中の駅で乗り遅れた人はいなかったのかな。

駅前で待機してたバスに乗ってホテルに向かった。まだ陽は高い（だが気温は二度と低い）。三kmほど原野の中を走って、北極賓館ていうホテルに着いた。

ここは、ホテルの名が示すとおり、中国の北の果てなんだ。近くに黒龍江（アムール河）が流れてて、河の向こうはロシアだ。つまり国境の町ってことだ。

ホテルのフロントには、国際主要都市の時刻を示す時計が五つ並んでたな。北京のが一まわり大きくて、あとの四つは、東京、モスクワ、ロンドン、ニューヨークの順で並んでた。やっぱり、東京は亜細亜の仲間なんだな。

この辺は、オーロラが見える南限なんだそうだ。今日あたりは見えるかもしれないっていう触れ込みがあったから見に行くことにした。皆んな列車の長旅で疲れていそうだったから、同部屋の相棒、後藤教授を誘って出かけたんだ。

街は、広い道路の両側に低層ビルが建ち並んでて、ロシアの街並と似てたな。八月下旬とはいえ、寒かった。薄手のジャンパーだったから震えがきた位だ。ホテルに戻るのも面倒くさいし、我慢した。何としてもオーロラを見たかったからな。暗い夜空を見上げながら二人でトボトボ歩いた。じっとしていると寒いからだ。しかし、オーロラはなかなか出現しない。歩いているうちに自由市場に辿り着いた。見栄えのする瓦屋根で、その下は梁と朱塗りの丸木柱が支えてた。壁なんかないんだ。食糧品、衣類、家庭用雑貨など所狭しと並んでた。バケツの中には魚が泳いでる。自転車や靴の修理屋、何でも揃ってたな。店じまいの時間なんだろう、通りかかったら、安くするから買ってけ、なんて言われた。ハミ瓜なんか珍しいから買ってみた。そうだ、オーロラのことを忘れてた。空を見上げたが、何の変化もなかった。店員に聞いてみたら、今夜あたり出るころだと思うよ、と言った。

期待に胸をふくらませてまた歩いた。今度は酒屋があった。この辺でお推めの銘柄を買った。かなり度数は高いといったが、自分が飲むわけでもないからいいやと思いながら買ったんだ。店を出ても夜空は相変わらず暗いままだ。これ以上は寒さに耐えられない。仕方なくホテルに戻った。

ホールで仲間が談笑していたからそれに加わった。買って来た物を差し入れしながら、我輩は後藤教授に言ったんだ。「オーロラって綺麗なものですねー」って。教授は「そうですね。まだ出ているかもしれないね」と相槌を打ったんだ。聞いてた仲間は外へ飛び出して行った。我輩と教授は急いで部屋に戻った。暫くして帰ってきた仲間が「何も見えねぇじゃねえか」って言いながら、廊下を通って行ったな。

深い霧がただよう漠河の街並み

中国最北端の地へ

早めに朝めしを済ませ、八時過ぎには北極村へ向け出発したんだ。九八kmの道のりをバスで一時間半かけて到着した。

入口でパスポート検査を受け、村に入った。すぐ、国境警備隊の事務所があった。その手前の脇に、鉄砲を持った哨兵の立像が台座の上にあった。何の変哲もない像だと思ったら、零下五一度の寒空の中、見張りに立ったまま凍死した兵士の石像なんだそうだ。どんな状況下であったかの説明はなかったが、職務を忠実に遂行したことが高く評価されたようだな。

村の名前が示す通り、ここは中国の最北端、ロシアとの国境なんだ。さいはての地というと人間はロマンチックになったり、感傷的になったりするようだな。

これから、黒龍江の辺まで行くんだ。砂利道を進んで行くうち、バンガロー風のカラフルな家が沿道に建ち並んでいる所に来た。マンション風のもある。そのうちゲートが出てきた。看板に「北極山荘」って書いてあった。リゾート地なんだな。中国人の旅行者なんだろう、観光用のワンボックスの軽乗用車で来てるのがいた。さいはての旅情を楽しみに来たんだろうな。

川辺に出た。川幅は余り広くない。旧江戸川位だ。どこにでもある水辺の風景だ。だけど、ここが国境で、川の向こうはロシアだと思うと、やはり感動するな。岸辺には「神州北極」と彫られた石碑が建ってた。観光客相手に茹でたとうもろこしや、じゃが芋を売ってたな。さっきのワンボックスカーが来た。中国人の熟年夫婦がお客だ。中年の運転手が車から降りて何故か我輩のところへ来て聞いた。「どこから来たのか？」「日本からだ」と我輩。「日本の硬貨をくれないか」という。ポケットを探ったら五百円硬貨が一枚あった。百円玉があればよかったな、と思いながらそれをやったんだ。

運転手は、「どれくらいの価値があるのか？」と聞くから、「この辺の給料に換算したら、二〜三日分くらいだろう」と答えたんだ。そしたら運転手は茹とうもろこしを二本買ってきて、「食ってくれ」と言った。それを小さく割って皆んなで食った。これが、中国最北端の味だと思いながら。

近くに郵便局があった。「漠河県郵便局」って看板に出てた。ちっぽけな建物だ。中に二人の男の局員が居た。ハガキ、切手、封筒なんかを買うために並んだ。それらに印刷してある写真は、この辺を代表する自然や動植物だ。

例えば、オーロラ、白夜、最北端の碑、凍死した哨兵の像。動物は、北極雪兎、北極鹿、ビーバー。植物は北極松、北極野刺梅なんかだ。局員は二人だから捗《はかど》らない。客は、あれもこれもと注文する。「イヨッ、ニッポンジン」と声をかけたくなったな。

中国最北端の地区に立つ（対岸はロシア）

砂金の採掘を見に行く

この辺じゃ街場といったって侘しい限りだ。人民政府のある一角は、建物が纏ってる。粗末だがホテルもある。ファッション製品の店もある。名前は「北極星商店」っていうんだ。いかにもこの辺らしいな。

近くのホテルで昼めしを食った。肉類にしても、野菜類にしても、油で炒めたものが中心だった。味には馴染めなかったな。

昼めしのあと、一時間位かかって砂金の採掘現場を見に行った。疎林を縫ってたどり着いた所は、黒龍江の派川の辺《ほとり》にある現場だったな。採掘用の機材は、古々しいものが一台だけだった。ベルトにショベルがとり付けられてて、それが回転する時に川底の土を浚ってくる。その中から、砂金を漉《こ》し分けて採り出すんだ。一日に一五gしか採れない。グラム当たり、八〇元というから、一、二〇〇円にしかならないな。それにしても、くたびれた機材だと思ってたら、この場所は一度閉鎖されたものを、その後、採掘権と機材を買いとってやってるんだそうだ。

帰り道も、若木が立ち並んだ草原の中の道だった。少し離れて小高い丘がある寂しい風景だったな。ガイドは言った。「この辺一帯は、かつて山火事があり大きな被害が出た」と、そういえば、草むらの所々に黒焦げになった太い樹の株があった。住民は力を合わせて消火に当たったが、火の勢いは強く、一帯は黒焦げになってしまったそうだ。この時、指揮者の立場にあった副市長は、消防用の車両に家財道具を積み込んで安全な場所に避難してしまったことが、今でも語り草になってたな。

そういえば、林道だけでなく、街中の沿道にも火災予防のための標語が看板や垂れ幕に書かれ掲示されてたな。我国でいう「火の用心　マッチ一本火事の元」といった類のものだ。

山火事のあと、役所が一般市民に呼びかけ募集したものだ。さすが漢字の国だ。大勢の智恵を捻って作り出した標語は、おびただしい数で読むと味があるんだな。

揺れるバスの中で、たどたどしい字で出来るだけ多く書き取った。覚えていたものを挙げると、「進入林区防火第一」「保護防林人人有責」「一人失火万人迷惑」「発展林業防火第一」「青山常在永続利用」ってな具合だ。

覚えていたものを挙げたといったが、揺れるバスの中であれほど一生懸命書いた手帳を失ってしまったからだ。

恥かしい場所だから、内緒で教えるが、それはトイレの中だ。何しろ田舎の便所（正しくは厠所）だから、便器はなく、板を渡した間に用を足すんだ。便壺は深い。用を足して立ち上がった時、ズボンの後ポケットに入れてあった手帳がポチャンって落ちてしまったんだ。無情だな。

砂金の採掘現場

オロチョン族の村へ

今夜は車中泊だ。夕食後、暫らく部屋で待機して真夜中の零時三十分頃ホテルを出発した。前にも言ったが、この時間しか目的地に行く列車がないからだ。

街灯なんかない。まっ暗闇の霧の中、ヘッドライトの灯りだけを頼りに駅へ向かったんだ。一時二十分発の列車に乗った。ひと寝入りすると塔河という駅に着いた。六時二十分だった。バスに乗り継ぎ、二十分位走って塔河賓館っていうホテルに着いた。朝めしを食って休む間もなく八時にはバスに乗って出発だ。

二時間ほど走って、白銀納郷っていうオロチョン（鄂倫春）族の村に着いた。まず、人民政府へ行った。政府代表のチョウさんと郷長のカクさんが我々一行を迎えてくれた。郷長は、オロチョン族の昔と今について語った。オロチョン族は、元々狩猟民族だったんだ。狩に行く時は、撮羅子《スオローズ》という円堆形に組立てるテントに、食料や燃料も持っていく。獲物は主に、のろ鹿や猪だ。獲物が捕れるまで、一週間でも一〇日でも滞在して頑張るそうだ。だけど、狩猟を始めてすぐにでも捕れればそれ以上捕らずに帰ってくるそうだ。

そんなオロチョン族も、今では定住生活に入った。狩猟生活から農耕生活に変わったんだ。郷長は続けた。煉瓦造りの家に住み、食料も充分に調達できる。教育は、大学まで行けるようになった。しかも、高卒までは教育費は無料だってことだ。この村には医院がある。少数民族政策により、医療費は無料だ。年収は一、九九六年には、六〇〇元（九、〇〇〇円）であったが二、〇〇〇年には一、八〇〇元と三倍になった。こんな豊かな生活が出来るようになったのは、「人民政府と共産党のお陰です」と感慨深げだったな。

人民政府訪問を終わると、今度は小さな民家に入った。教授の皆さんは、間取り図を書いたり、寸法を測ったりし始めた。門外漢の我輩は外で待った。だけど、何もしないんじゃ退屈だ。ふと、前を見ると、家の傍に五人の子どもが並んで座ってた。話しかけたら屈託がなかったな。急に我輩のいたずら心が顔を出した。「君達に、今から日本語を教える。簡単だからよく覚えるんだぞ」といって、人に会ったら「こんにちは」、何かもらったら「ありがとう」、別れる時は「さようなら」と何度も繰り返したんだ。そして「あの家の中に、日本人のおじさん達が居る。出てきたら使うんだぞ」と言ってその時を待った。

いよいよその時が来た。子どもたちを促した。彼らはタイミングよく言葉を使いわけた。団長の宮野名誉教授がびっくりして、我輩に「こんな辺鄙な所で、一体誰に日本語を教わったんですかネェ」と言ったので、「さァー」と答えておいた。

内モンゴル〜黒龍江省

オロチョン族の子どもたち

白銀納の村の様子を話しておこう。主に農作地帯だ。畑の中に、木造、切妻屋根の粗末な民家が点在してるんだ。

ちょうど刈り取りの時期で、我国では見られないでっかい脱穀機が道端に止めてあった。脱穀した籾は、広いアスファルト道路の半分を占領して干してあった。昔の行徳もこうだった。当時のことを懐かしく思い出したな。

道端に若い男が二人、背を向けてしゃがんでた。外国人が来ることは滅多にないんだろう。二人でひそひそ話をしているところを通りかかった。「あれは日本人じゃねえのか」「たぶんな」そこで我輩は「そうだ日本人だ」と混ぜかえしたら、二人とも亀が首をひっこめたようになって縮こまっちゃった。

呼瑪《フマ》の街を訪ねる

今日は、一〇〇㎞ほど離れた「呼瑪」っていう所まで行くんだ。畑中の砂利まじりの真っ直ぐな道をひたすら走った。両側並木が続いていたり、原野になったり、ずっとコスモスが咲いていたり、時々村の中を通ったりした。途中のスイカ畑で農夫から一個分けてもらった。一元（一三円）だ。その場で切ってもらって皆で食った。ノドが乾いてたから実にうまかったな。

二時間ほど走って呼瑪に着いた。街の入口のゲートには「呼瑪人民は皆様を歓迎します」って書いてあった。この辺の中心の町らしいな。広いアスファルト道路は整備され、人々が行き交う中を車が走ってた。

呼瑪賓館っていうホテルに案内された。すぐそばに黒龍江（アムール川）が流れてて、対岸はロシアだ。でっかい船が停泊してた。フロントには、ロシアからの観光客を歓迎する旨の貼り紙があった。交流が多いってことだな。

呼瑪県知事がホテルまで来て出迎えてくれた。だがただそれだけのことだった。部屋は粗末だったな。化粧板張りの壁面に、アルミ枠の二重窓。その下に暖房用のスチームパイプ。あとはベッドに椅子二脚。ロシア風の造りだな。全部が全部悪かったな。フロントの女性はサービス精神ゼロ。官僚中の官僚って感じだ。トイレットペーパーがないと言ったら「自分のを使え」と言うし、ポットにお湯が入ってないと言うと「二階の廊下の突き当りの湯沸かし器から注いでこい」って始末だ。仕方なく二階へ行ってお湯を注ぎ、階段を降りた時だ。履いていたスリッパはロシア人用らしくてバカでかい。我輩の足は爪先から半分位とび出した状態だ。階段を踏みはずし、持っていたポットが手摺りにコツンと軽く当たった。その途端、底から熱湯がジャボジャボこぼれ出した。ポットの中味は薄いガラスの瓶だったんだ。フロントの女性に言うと、今度は怒鳴られるかもしれないから、風呂場にそっと隠しておいたよ。

呼瑪《フマ》の街並み

中国国境地帯を行く

漠河、呼瑪と経巡り歩いてきたが、今回の旅は中国とロシアの国境地帯を観て歩くのが主な目的なんだ。

ホテルから黒龍江（アムール河）の岸辺までは近いから行ってみた。灌木を分け入ったんだが、蚊や虫が多くて、それが顔や腕にとり付く。何しろここの蚊に食われたら大変なことになるらしい。旅行に出る前の説明会で、宮野名誉教授がもっともらしく脅かしたんだ。「蚊に食われた女性の脹ら脛が、血で滑る位強力な奴だ」って。だから、我輩は蚊取り線香を持ってきたんだ。それに火を点け、腰にぶら下げて歩いた。だけど、想像したほどじゃなかったな。

川辺に出てみたら、でっかい貨物船が停泊してた。専門的知識がないから、何トン位かわからなかったが、我国の河川では見られない位でっかい船だったな。すぐ川下に六階建ての白いビルがあった。ビルには「呼瑪港」って書いてあった。関税事務所だ。

川幅は二〇〇ｍもない。その向こうは、緑のなだらかな土手で、ロシア側だ。ロマンを感じるな。

話は変わってメシの事だ。ホテルにレストランがないから外食だ。と言ったってド田舎のことだ。洒落た店なんかあるわきゃない。

一〇元（一五〇円）食堂に入った。薄いビニールを敷いたテーブルの上に料理が並べられた。家庭の台所から持ってきたような食器に、手の込んだとは言えない料理だ。色が濃く、ボテッとした感じだ。見た目は悪かったが、結構いけたな。

観る物はあまりない所だ。ほかに印象に残ったのは、ホテルの前の毒々しい色合いの菊の花と、我輩の娘と同じ名前の美容院があったこと位だ。

呼瑪に別れを告げ、次の目的地である黒河市に向かうことにした。三〇〇㎞の旅だ。のんびりした旅になると覚悟を決めたよ。道は泥道だ。それでも硬くしっかり固められてた。呼瑪の街も小さい。少し走ると街はずれになり、粗末な家並みになった。淋しい通りに子どもが二人歩いてた。ほどなく、土手の上にカーキ色のテント小屋のある所に出た。やはりカーキ色の軍服に帽子を被った警官が出てきて、バスを止めたんだ。どうやら、一方通行になっていて、対向車が来るのを待たされるらしい。あとから来る車も次々止められた。それぞれの車から人が降りてきて、土手の上に集まってきた。そして、立ちつくしたり、しゃがんで煙草を吸ったり、みんな思い思いに時間を過ごしたんだ。こういうことには慣れているようだったな。

一時間位して、向こうから車が数台走ってくるのが見えた。先頭から来たのは、荷を満載した長尺のトラックだ。その行く手は泥んこ道だ。トラックは、ゆっくり泥水の中に入った。前部と後部を異なった方向に傾けながら、ノッターン、ネッターンといった感じで、やっと通り抜けて行ったたな。

対向車が来るまで一時間位待機する乗客

黒河へ向かう

バスは、また土の道をひたすら黒河を目指した。土の道でも有料なんだ。だけど、どこで料金を払ったかわからない。最初から旅行代金に含まれているんだろうな。

野を越え、川を渡り、林の中を抜け、林の中には、まっ黒な樹皮の木が、まっ白な樹皮の木に混じって生えてた。黒いのは黒樺で、白いのは白樺だってことだ。黒樺にはキクラゲが生えるんだ。

思い出したが、紅樺ってのもあるんだな。四川省の世界遺産、九寨溝へ行った時、林の中で見た。ピンクがかった赤い樹皮だった。どの色の樺も樹皮が剥離しているのが共通した点だ。

さて、道中が長いと困るのがトイレだ。街場だといいんだが、人里離れた所だと適当な所でバスを止めて用を足すしかないんだ。建築中の旅館があった。新築といっても古材を使っているような感じだ。土壁だからなおボロ屋のように見えるな。

思い返してみると、この辺境に来て真新しい民家を見たことがなかったが、そのわけが分かった気がしたな。その旅館の隣りのトイレを借りた。やはり安心できる。用を足して帰る時だ。一行は皆んなすっきりした感じでバスに向かった。それを現地の人が数人、手を振って見送った。我輩は現地人に混じって一緒に手を振ったんだ。不思議なことに、双方とも異変に気がつかないんだ。慌てて一行を追いかけてバスに乗ったよ。

また、退屈な旅が始まった。行けども行けども平原だ。土の道、広い畑、道端の木立、時々行き交う馬車、そして木造の街並み、こんな風景の繰り返しだ。

ダムサイトに出た。でっかいダム湖だったな。発電用、農業用なんだろう。もう黒河が近いんだろうな。そう思って十五分程走ると、迎えの観光バスが待ってた。旅行社が代わるんだ。だが、人間の乗り換えだけじゃなく荷物も積み換えになる。面倒だからそのままで一緒に走ったんだ。

午後二時頃、黒河の街に入った。レストランへ直行した。朝六時半に出発して、七時間半かかった。長時間バスに揺られて皆んな腹ペコだったな。昼めしが終わったところで女性ガイドが来た。日本語は下手だったから誰も聞いてやしなかった。

黒河は人口一〇万人。中心街は高層ビルが建ち並び賑やかだ。ロシアとの国境の黒龍江に大黒河島ってのがある。この島は両国の交易の場所だ。中国側にあるから、こっちからは橋を渡って行く。ロシア側からは船で来るんだ。対岸はブラゴベシチェンスク市だ。聞いたことがあるなと思う人もいるだろう。そうだ、今年の春先、ＳＡＲＳが発生した所だ。

島には「大黒河島国際商易城」と書かれたでっかいビルがある。中は自由市場だ。両国から物産を持ちより、交易してる。店内は田舎くさいし、売ってる物も垢抜けしない。売り込みの声がうるさく感じたな。

対岸のロシアと往来する船

条約締結の地

黒河の郊外に愛琿《あいぐん》という所がある。ここはロシアとの条約を結んだ地だ。歴史上、愛琿条約といってるんだが、この条約に至るまでの歴史的背景を探ってみると、以下のようになる。今回は少し筋っぽいぞ。

中国の清朝時代は、世界に冠たる大帝国だった。ことに四代康熙帝、五代雍正帝、六代乾隆帝の三代は全盛の時代だったんだ。外交も盛んで、絢爛《けんらん》たる文化の花が開いた。国力も増大し、その勢力は康熙帝の時代には、北方のロシア境に及んだ。

一方、ロシアはアムール川（黒龍江）方面に南下してきた。その結果、両国間で紛争が絶えなかった。

一六七〇年代に、清は逃亡者の引渡しを求めた。八〇年代に入るとロシア人の撤退を求めたが不調に終わった。そこで清は、ロシア領内のアルバジン城を包囲した。ロシアはたまらず、清との講話を求めた。こうして一六八九年に結ばれたのがネルチンスク条約だ。

この条約は、清がヨーロッパ諸国と初めて結んだ「対等条約」だ。両国の国境は、アルグン川と外興安領とされたんだ。その後、清は国力を増大させ、乾隆帝の時代には、五族（漢、満、蒙、回、蔵）を支配下に置いた。その範囲は、本土のほかに東北地方（満州）、台湾、内蒙古、外蒙古、チベット（蔵）、新彊（回）、青海地方に及んだ。

かくして、領土は二・五倍に膨れ上がり、当時の中国は世界最大の帝国となったんだ。しかし、どんなに栄耀栄華《えいようえいが》を誇ろうとも、歴史が示す通り、やがて陰りが出てくるもんだ。

その後、国内的には、白蓮教徒の乱、天理教徒の乱、太平天国の乱等が次々と起り、経済は疲弊していった。

また、対外的には、イギリスの侵略を受け、アヘン戦争が起り、更にアメリカやフランスの侵略があり、アロー戦争が起ったりする。そして、中国は半植民地化してしまうんだ。

この機に乗じて侵略してきたのがロシアだ。アロー戦争が起きると、ロシアは黒龍江を自領とするための策をめぐらした。ネルチンスク条約によって奪われた領土を取り戻しにかかったんだ。同条約の欠陥部分を突いた。すなわち、未決定境界の条項に着目し、清側に圧力を加え結んだのが愛琿条約だ（一八五八年）。図に示す通り、清側は広大な領土を失うことになったんだ。清朝は条約を拒んだが、一八六〇年の北京条約で武力を背景に承認させられた。

このように、先進資本主義列強が武力により締結した条約を「不平等条約」と言うんだ。この条約の中では、黒龍江、松花江、ウスリー江の三江沿岸の住民はお互いに貿易をしてよいことになってる。だから、前号で書いたように、ブラゴベシチェンスクとの交流があるんだな。当時の愛琿城の天守閣は今でも愛琿歴史陳列館の敷地に佗しく残ってる。

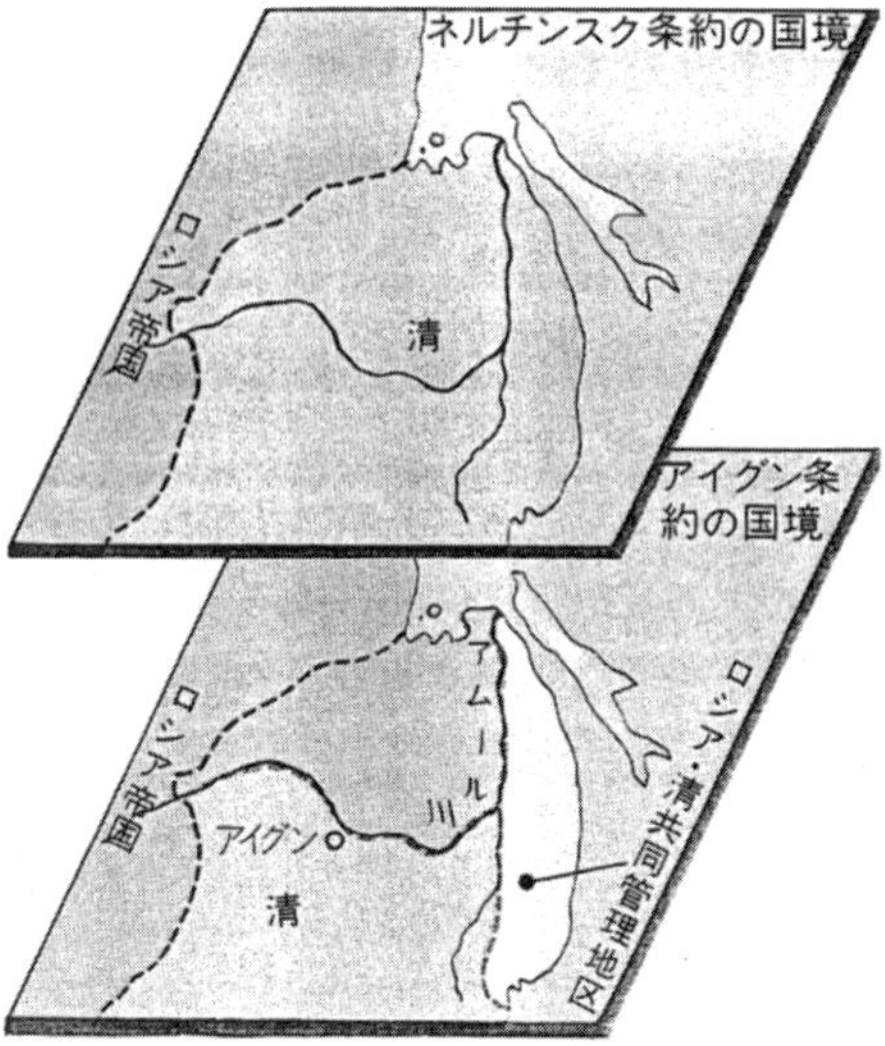

中露国境の変換（小学館大日本百科全書より）

夜行列車でハルピンへ

黒河には、もう一つ話題がある。なかにし礼が最近書いた「赤い月」という小説に関することだ。

この小説は、戦前の「満州国」が舞台だ。渡満した日本の造り酒屋の栄枯盛衰を軸として、女主人公の自由奔放な恋愛を描いてる。これを映画化するための撮影が今（平成十五年）行われてるんだ。

小説の舞台は牡丹江なんだが、都市化が進んで当時の面影がなくなってしまってるので、ここ黒河を撮影場所としたってことだ。辺境地だけに、昔のままの所が残ってるんだな。

映画は、日本版「風と共に去りぬ」だなんて前評判だ。だから、来年二月のロードショーを今から楽しみにしてるんだ。

この町は、田舎町だが、これまでみてきた漠河、塔河、呼瑪よりは開けてる。これでも清朝時代にはハルピンよりも大きかったってことだ。

黒河には、七時間しか滞在しなかった。他には、余り見るものはなかった。黒河駅二十一時発の夜行列車に乗り込んだ。黒河とハルピン間の特快列車だ。それでもハルピンまでは、十一時間もかかるんだ。長旅の疲れが溜まっていたんだろう、すぐ寝付いてしまったな。

翌朝は五時過ぎに目が覚めてしまった。程なく、BGMが入って起床を知らせる放送が入った。

霧のかかった平原が広がってた。窓ガラスが汚れてたから、よけいはっきりしない点もあったけどな。列車は幾つかの駅を通過して、八時十五分にハルピンに着いた。四年ぶりのハルピンだ。あの時はこんな遠くまで二度と来ることはないだろうと思ってたな。ところが、今度はハルピンよりもはるかに遠い北の辺境地を回って、南下して来たんだから感無量ってなところだ。

四年前には、工事中だった駅前広場に面するところの高層ビルは立派に出来上ってた。未整備だった広場もすっかりきれいに様変わりしてたな。

龍門ホテルで朝めしを食って街へ繰り出した。聖ソフィア教堂へ行った。ビザンチン様式の、ギリシャ正教の教会だったものだ。今は、内部は「哈爾賓建築芸術館」となってる。ハルピン市内の建築物の写真や模型が展示されてたな。

その教堂には、日本からの県会議員の視察団が来てたんだ。その中の一人に見覚えがあった。記憶の糸を手繰るまでもなく、新潟の県議と分った。名前は出て来なかったが、一七年前一緒に旧ソ連へ行った。その時、彼はトランクの片面一杯に、買ったウオツカを詰め込んだんだ。それが託送された時、放り投げられて、壜が全部割れ、中の背広なんかがびしょびしょになって、しょげかえっていたっけ。こんな所で遭うなんて、縁って不思議なもんだな。今回の中国北辺の旅は、誰でも簡単に行ける所ではない。貴重な経験になったたな。

ハルピンの中央大街（旧キタイスカヤ通り）

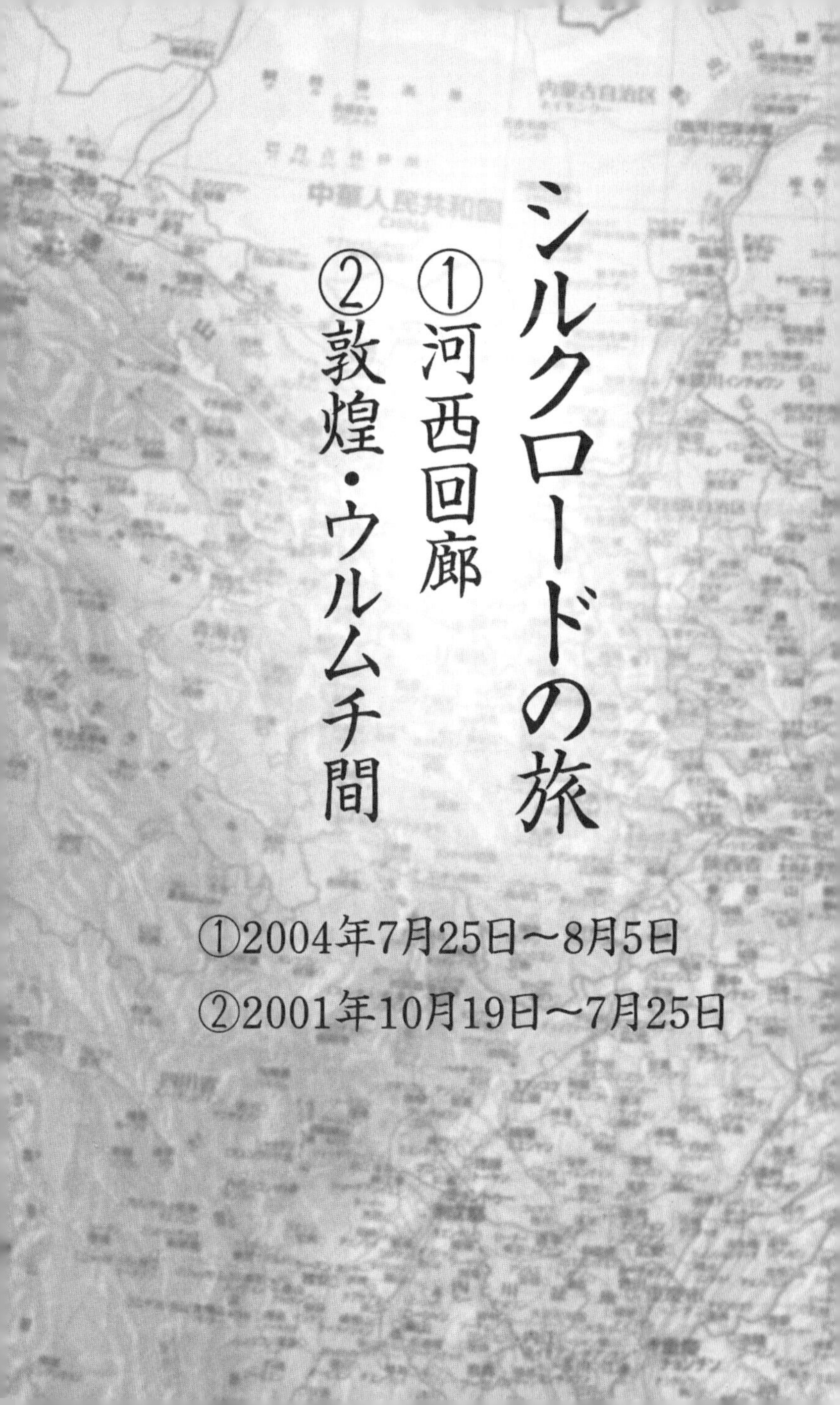

シルクロードの旅

①河西回廊

②敦煌・ウルムチ間

①2004年7月25日～8月5日

②2001年10月19日～7月25日

西安で熱烈な歓迎

さて、シルクロードの出発点は西安だ。先ずは、西安空港に到着だ。シルクロードの話を早く聞きたいだろうが、あとからたっぷり聞かせるから、順を追って西安からだ。

空港の正式名称は「西安咸陽空港」っていうんだ。西安と咸陽の中間にある。咸陽は、初めて中国を統一した秦の始皇帝が、都と定めた所だ（B・C二二一年）。

秦の滅亡後、前漢の時代になると、都は長安（今の西安）になった（B・C二〇二年）。だが、歴史をもっと遡ってみると、周の時代には、西安の西郊にある鎬京が都であったこともあるんだ（B・C一〇五〇年）。だから、この辺一帯は中国の歴史上、最も古い土地柄ということになるな。

空港から西安に行く途中に、漢陽陵考古陳列館てのがある。これは、前漢の四代の皇帝、景帝と皇后の墓だ。広大な墓域の中を、今通ってきた道路が貫通してるんだ。この陳列館は、一九九九年の秋に開館したもので、前回来た時はなかった。悠久の歴史を誇る中国のことだから、この先もいろんな文化遺産が発掘されるだろうな。

館内には、彩色された素焼きの俑《よう》（人間を模した像で副葬品として用いた）が所狭しと並んでたな。景帝の時代は、安定してたようだ。どの俑も衣服は腐って裸だが、おだやかで素朴な顔をしてた。

バスは、西安の市内に入った。今、観光キャンペーンの期間で、市の城門前で特別の出迎えをしてくれるんだそうだ。西安には、まだ昔の城壁が残ってる。北の城門に案内された。門前には、唐代の武装をした兵士が二人、長い槍を両側からクロスさせて立ってた。その二人が、門の両側に移ると、門が開かれて、これまた、唐代の衣裳を纏った宮中の男女が大勢出てきて出迎えてくれた。

この時代の着物は、だぶだぶの寛衣だ。来客に対し、両方の袖口に手を突っ込んで、それを頭を下げながら額の所まで持ち上げる格好が目に浮かぶだろう。衣裳は赤、黄、緑、白、紫と色とりどりで綺麗だったな。頭には冠を被ってた。歌や踊りで目を楽しませてくれたあとは、一人一人に甘酒を振る舞い、そして、最後に城門の鍵をくれたんだ。

名所とはいえ、西安は、北京から九〇〇km、上海からは一、二〇〇kmも離れてる。観光客誘致のための努力も大変なんだな。でも、シルクロードへ旅立つには、ふさわしい出迎えだった。

西安は、何時来ても埃っぽい。砂埃なんだろうな。街が何となく霞んでるんだ。夕食には早いので西安のシンボルと言われる大雁塔へ寄ってみた。近くまで行ったら、塔を背にした三蔵法師の石像が立ってた。前にはなかった。最近造られたんだろうな。塔の最上階に登り、西の方を見ると眼下に並木道が伸びてた。「あれが、シルクロードに繋がる道ですよ」とガイドが言ったな。

西安での出迎え

中国最初の皇帝　始皇帝

今回は西安で時間がとれたので、先ずはこの街の紹介から始めよう。

西安といえば、最初に言及すべきは、始皇帝からになるな。最初に中国を統一した人だ。

始皇帝の時代は紀元前だ。当時は戦国時代で、戦国の七雄といわれる諸国が跋扈《ばっこ》してた。その中でも一番勢力があったのが秦《しん》だ。他の六ヶ国は、秦との外交に腐心してたんだ。六ヶ国が強国の秦に対抗するための攻守同盟を結んだ「合従」策と、逆に六ヶ国が連合して秦と共存を図ろうとした「連衡」策が考え出されたりした。いわゆる「合従連衡《がっしょうれんこう》」の時代だ。結果的に六ヶ国を制圧し、当時の中国を統一したのが秦の始皇帝だ。他の六ヶ国で使ってた、王という呼び名ではなく、自ら皇帝を名乗った。

皇帝という名称は、中国の歴史の始まりとされてる、三皇五帝という八人の聖天子に由来してるんだ。

のちに、始皇帝を名乗った。その後は計数的に、二世皇帝、三世皇帝として万世に伝えたかったらしい。この皇帝という呼称は、辛亥革命（一九一一年）により清朝が滅亡するまで、二、〇〇〇年以上も続いたんだから大したもんだよな。

秦は、その都を今の西安空港の近くの咸陽《かんよう》という所に置いたんだ。

始皇帝は、法治主義による自分を中心にした完璧な中央集権体制を確立した。街づくりにおいてもそうだ。都から各地方へ放射状に伸びる道路を作った。これは、一朝有事の際は、直に軍隊を派遣できるようにしたものだ。更に、文字、貨幣、度量衡を統一し、中国をひとつの文明圏に纏め上げたんだ。これらの枠組みは、現代でも受け継がれてる。

また、万里の長城や阿房官の建設、そして、自らの陵墓まで造らせてしまった。陪葬塚の兵《へい》馬俑坑《まようこう》は、始皇帝の死後も、生前同様守護するための近衛軍団の兵馬俑や馬車、武器などが埋葬されてるんだ。写実的で芸術性の高いものだ。

何もかも手に収めた始皇帝だが、最後に求めた物は不老長寿の薬だ。たびたび海外に人を派遣し、霊薬を求めさせたが、手にして戻って来る者はなかったんだ。中でも徐福の話は有名だ。

彼について八丈島に伝説がある。島の役場から資料をファックスで送ってもらったので紹介しよう。

「始皇帝の命を受けた徐福は、東海の島々を訪ねまわったけれども、ついにその霊薬を手にいれることができなかった。徐福は帰国を断念し、孝霊天皇紀元前二一九年に紀州熊野に着き、この地で生涯を終わったという。かれの子孫は熊野に繁栄し、徐福十九家として、徳川時代末期まで家系を残していたと伝えられる。徐福に従って来た人びとは、童男童女の船に分乗し、熊野から四散してふたたび漂流した。この船の一隻は八丈島に漂着したが、それには五〇〇人の童女が乗っており、青が島に漂着した他の一隻には、五〇〇人の童男が乗っていたという。これより八丈島を女護島、青が島を男島という伝えている」八丈島誌より。

一緒に送ってもらった日本近海の海流図を見ると、黒潮に乗れば、我国へ流れてきそうな気もするな。

兵馬俑

石碑の殿堂 碑林

中国は書の国だ。紀元前の昔から多くの書家が登場し、名筆といわれる作品が数多くあるんだな。その作品群を集めた博物館が西安にあるんだ。それは、西安碑林博物館ていうんだ。

そこには、文字や図像を刻んだ石碑が数多く集められてる。書家なら誰でも一度は行って見たい所だ。

碑林は、一〇八七年に、その前からあった孔子廟を中心に造られたものだ。入口の門から入ると、広大な敷地にいかにも中国らしい古い建物が、左右対象に並んでる。石畳の一番奥の方に、「碍林（碑ではない）」と書かれた扁額の掛かった建物があって、そこが入口になってるんだ。今通ってきた左右の建物は展示室だ。

建物の中は、石碑展示室、石刻芸術展示室、臨時展示室の三部門に分かれてる。建坪は四、〇〇〇㎡、展示品は三、〇〇〇点に及ぶ。これ程の規模のものは、ここ西安にしかないだろうな。

石碑展示室は七部屋あって、大型の石碑と墓誌銘が一、〇〇〇基ほどあるんだ。それは、前漢の時代から、清の時代まで二、〇〇〇年以上にわたってるんだな。

石碑は、文化を伝える重要な手段だったんだ。そこには、歴史の記録や古代仏教の名著なんかが彫られてたわけだ。例えば、第一展示室にある「開成石経碑」だ。一一四基あるが、碑の両面には六五万二五二の文字が刻まれてるそうだ。出来上がるまで七年もかかったそうで、唐代の開成年間（八三七年）に完成した。

当時の為政者は、この碑を長安城の務本坊の中に置き、大学生や文士たちに勉強させたそうだ。石経の中味は、十三経の儒教経典だ。詩経、礼記、論語、孟子なんかがあるんだな。これを勉強することによって官僚として養成されたんだ。

「大秦景教流行中国碑」は、国際的に有名な碑だ。大秦とはローマ帝国のこと、景教とはキリスト教の一会派のことだ。古代中国が当時のローマ、シリア、イラン、アラビア半島諸国と交流した史実が記されてるんだ。東西友好往来の史実を記録したものは、世界中でこれしかない。

まだまだ紹介したいものは一杯あるが、紙面がないので割愛するしかないな。ふと気が付くと、ポンポンポンポンと軽快な音が聞こえてる。石碑の拓本をとってるんだ。石碑に全紙の画仙紙を貼り、その上から分厚い布製のバレンのようなものに、墨を滲ませ軽くポンポンと叩くと、文字が白抜きで浮き出るんだ。それは、土産物として売られてるが、案外高いな。

翌早朝、うす暗いうちに一人街中へ散歩に出てみた。散歩しながら考えた。中国では、繁体な漢字が簡体化されてる。華は华、潔は浩、雪はヨといったふうに。これじゃ古典は読めなくなるし、正確なニュアンスが伝わらなくなるんじゃないかな。反撥はなかったのかな、と思って目を上げると、いたいた反骨精神旺盛な漢《やつ》が。目の前にあったのは、写真のラーメン屋の看板だ。通りがかりの人に、あの字は何て読むのかと聞いたら、「ピャン」だと言った。手持ちの辞書には出てないから意味不明なんだが、宝船のような格好をしてるから、きっとめでたい意味なんじゃないかな。

字画63画の文字

「華清池」玄宗皇帝と楊貴妃のロマンスの舞台

華清池というと、唐玄宗皇帝と楊貴妃のロマンスの地として有名な温泉地だ。

その華清池は、西安から三〇㎞離れた驪山《りざん》のふもとにある。驪山は遠くから眺めると、濃緑の毛色の馬が駆け出そうとする姿に似てるんだそうだ。

ここに湧いてる温泉は、一年中を通して四三度を保ってるってことだ。この温泉の歴史は古くて、有史以前に遡るそうだ。有史後、この温泉にまつわる史実に残る有名なものを挙げてみよう。

紀元前八世紀、西周の時代、時の西周の幽王は、笑わぬ魔性の美女、褒姒《ほうじ》を寵愛した。ある時、外敵の進入のおり、あげる烽火が間違ってあがり、集まった諸侯がズッコケた。これを見た褒姒が大笑いしたそうだ。

幽王は、褒姒の笑顔を見たくて何回も烽火をあげたが、何回も繰り返すうち諸侯の集まりは悪くなってしまった。そこへ、本当に外敵が進攻してきた時には一兵も集まらず、西周は亡んだ。中国版「狼少年」だ。

秦の始皇帝もこの温泉に足を運び、女神に会ったという言い伝えも残ってる。前漢の武帝（一四〇年代）は「漢離宮」を造った。隋の文帝（五八〇年代）は松や柏の木を一、〇〇〇本植えて景観をよくした。唐代に入ると太宗皇帝（六四〇年代）は「温泉宮」を建設し、直筆「温泉銘」を書いた。それは、石碑に刻まれ、拓本にして、諸大臣にみせられた。気宇壮大な書体のものだ。我輩はこの書体が好きで、高校時代、書道の手本として愛用したもんだ。その石碑は数年前までは、華清池の池の端で雨晒しになってたが、今年（二〇〇四年）行ったら、屋根が架けられ、直接手で触れられないよう被膜されてたな。我輩としては、碑（注：碑ではない）林博物館に陳列してほしい気持だな。因に、私の経営する南行徳駅前の「弘文館」は、太宗皇帝が政府高官の子弟を教育する場として造った〝弘文館〟からとったものなんだ。

さて、華清池といえば、何といっても唐の六代皇帝玄宗と楊貴妃のロマンスの舞台だな。太宗以降も築造は続けられ、七四七年十月に新宮が落成し、「華清宮」と名は変わり、完璧な宮殿となったんだ。

玄宗は、七四五年から七五五年までの間、毎年十月からこの地で避寒し、翌晩春に都長安に戻るという生活を繰り返したんだ。

その間に楊貴妃専用の風呂場「海棠湯《かいどうとう》」を新設し歌舞音曲や色事に溺れ、一日中酒盛り、遊楽にうつつをぬかし、国政をおろそかにしたってわけだ。これで国がもつわけがない。七五五年には「安史の乱」が興り、翌年玄宗は、蜀へ逃れたんだ。その途中愛する楊貴妃を絞殺することになってしまったんだな。玄宗と楊貴妃のロマンスは、後に白楽天が詩に詠んだ。有名な長恨歌だ。その一節は次の通りだったな。

天に在っては、願わくば比翼《ひよく》の鳥となり
地にあっては、願わくば連理の枝とならん
天は長く地は久しけれども、時がくれば尽きる
しかし、この恨みは綿綿として尽きる時はない。

華清池は、唐代が最盛期でその後は衰退してしまった。御湯遺跡が華清池庭園内で発見されたのは一九八二年のことだ。

華清池と楊貴妃の像

シルクロードを去来した名僧

シルクロードは、東西を結ぶ貿易の道だったが、それと共に東西文化の伝達路でもあったんだ。宗教について言えば、仏教、キリスト教、回教などが伝わってきたが、我国で主流を占める仏教の伝来について話しとこう。

　これから向う河西回廊には、多くの仏教遺跡がある。シルクロードを旅した名僧は数多いが、その中から数人、紹介しよう。

　仏教の発祥はインドだが、中国に伝わったのは今から二、〇〇〇年も前のことだ。紀元六八年には仏教寺院が建てられてるんだ。しかし、中国の地にしっかり根をおろすまでには相当な時間がかかった。その理由は、外来宗教の仏教を、漢民族の儒家たちが反対したからだ。当時、中国は儒教全盛の時代だった。仏教が広まるには、何かのきっかけが必要だったんだ。五胡十六国時代（三七年－四三八年）の乱世になって、苦しみぬいた民衆は仏教に救いを求めるようになった。この時登場したのが仏図澄《ぶっとちょう》（二三三－三四八年）だ。西域、亀茲《きじ》国の出身だが、後趙国の最盛期に二人の皇帝が、仏教に深く帰依したのを後ろ盾に三〇年以上も布教活動をし、仏教を中国に定着させた功労者だ。

　仏教には、小乗仏教と大乗仏教とがあるが、小乗仏教から大乗仏教に目覚めていったのは、同じ亀茲国出身の鳩摩羅什《くまらじゅう》（三五〇～四〇九年）だ。「大乗の聖教は、中国で花開く運にある。これを東土に伝えるのはそなたの力によろう」との母の言葉に従い、中国への伝導を決意したんだ。

　その後、亀茲国は亡ぼされるが、囚われの身となった羅什は、艱難辛苦の末に長安に迎えられ、八年間に二九七巻に及ぶ大乗仏教の大翻訳を成しとげたんだ。

その頃、僧が出家生活をする上で重要な戒律が完全には伝わってなかったんだ。そこでより正しい原典を求めてインドに渡ったのが、法顕《ほっけん》(三三七年〜四二二年)だ。出発してから一三年後に帰国し、サンスクリット語の経典六三巻を漢訳した。

以上の三人は、ほぼ同時代の人だ。時代は下って、隋末唐初に活躍したのが、かの有名な玄《げん》奘《じょう》(六〇二〜六六四年)だ。

玄奘は、仏教を学べば学ぶほど矛盾に気がつくんだ。師によって経典の解釈がちがったり、経典ごとに異なったりで戸惑った。そこで、原典をきわめ、正しい解釈を学ぼうと、天竺(インド)へ行ったんだ。

唐朝は、外国への旅行を禁じてたが、その禁を犯してシルクロードを西へ向かった。釈迦に緑の深い土地や遺跡を巡り、五年間の研讃に励み、ついに、インドで一流の学者と肩を並べる程の業績をあげたんだ。

帰国後、一九年間近くかかって、一、三三五巻の大翻訳を完成する。この数は、鳩摩羅什や不空など五大翻訳僧による合計一、二六二巻より多いんだからすごいな。玄奘の翻訳した教典は、西安郊外にある大慈恩寺の大雁塔に納められてるんだ。

玄奘の立像と大雁塔

河西回廊へ向け出発、再び五丈原へ

今日から八日間、バスに揺られて河西回廊の旅に発つんだ。

「きのうの晩は、真珠の餃子を何個食べましたか?」って、バスの中でガイドが質問したんだ。皆それぞれ、三個とか五個とか答えたが、それを全部足すと、出された数より多くなってしまうんだな。

餃子は西安の名物料理の一つだ。その種類は一六〇種以上もある。そして、その一つ一つに謂れがあるんだ。どれも一口位の大きさで、二〇種類出された。一種類ずつ蒸籠にのせられて出てくる。一人一個ずつなのに油断していると、二個食ってしまう奴がいるから足りなくなってしまうんだ。

さて、河西回廊とは、甘粛省の北西部にあって、甘粛回廊ともいうな。も少し具体的に言うと、蘭州市を流れる黄河の西で、北は合黎山と竜首山の山脈、南は祁連《きれん》山脈に挟まれた細長い高地を言う。それで「河西回廊」って言うわけだ。

距離は一、〇〇〇km位、幅は四〇~一〇〇km位ある。ゴビ、砂漠、雪山、氷河だけが目につく荒地だ。そんな中でも、祁連山から流れる四本の内陸川のほとりに、四大オアシスが発達してるんだ。そこは、これから通るが、武威《ぶい》、張《ちょう》掖《えき》、酒泉《しゅせん》、敦煌《とんこう》だ。

シルクロードは、新疆《しんきょう》ウイグル自治区に入ると三ルートに分れるが、陸路、新疆に入るまでは、必ず河西回廊を通らなきゃならない。中国の旅行案内書には、「必経之孔道」としてある。

バスは、宝鶏《パオチー》市にある五丈原へと向かってる。高速道路が出来ていて、それに乗った。高速道路の速度制限は八〇㎞だ。一〇〇㎞以上出すと罰金だ。高速道路とはいえ、中国のは、生活道路的なものだと思ってた。歩行者がいたり、自転車、馬車、時には人に誘導された家畜の群が通ったりするからだ。でも、ここではそれが少なかったな。路肩には「驢馬《ろば》通行禁止」の看板が立ってた。

降りたインターチェンジは、まだ整備中で、大きな回転道路の周囲は、土の部分が多かったな。畑の中にレンガ造りの農家が点在してる。桑畑、とうもろこし畑、蓮田なんかが交互に現れる。アンツーカーの崖地、遠くの高原、畑の中の木々を見ながら、道は畑を見おろす高い所に出た。すると間もなく五丈原の駐車場に着いた。諸葛亮の廟に近い所だった。

前回来た時とは大分、趣が変わってしまったな。前回の方が味わいがあったぞ。あの時は、大人が一抱えもあるでっかい石がゴロゴロした片側通行の道に難渋し、道をたずねながら、やっと来たんだ。

そして、女性が経営するテーブル一台だけの露店そばやの前を通り、諸葛泉という井戸の傍から石段を昇り、昇りつめたところから続く螺旋階段を上がり、畑の所を通った時、下校中の小学生の一群に会い、下を見おろすと、五丈原の村のどの家でもピンクの桐の花が満開で綺麗だったぞ。最後の石段を昇り詰めた時、「五丈原」と書かれた石碑を見て、泣きたい位の感動を覚えたんだ。それなのに、今回着いた所は、その「五丈原」の石碑のすぐ傍だ。感動なんてありゃしなかったな。でも、まあいい。中国のガイドだって滅多に来られない所へ二度も来たんだ。

ここは三国志の舞台だ。諸葛亮孔明を中心とする史跡だ。諸葛亮廟の中には、三国城、五丈秋風と書かれた扁額のある献殿、衣冠塚、そして、孔明が臨終の時、降ってきたといわれる落星石などがあるんだ。

三国城

中国のスカイライン

小雨が降る中をバスは次の目的地を目指した。いよいよ本格的な河西回廊へ向けての旅ってわけだな。

幅は広いが、道はぬかるんでる。道路脇には、原木のままの丸太が積み上げられてる。何かの工事の材料なんだろうな。前回来た時と同じ道かどうかわからないんだが、当時の雰囲気が漂っていて懐かしかったな。そんな感傷に浸ってる我輩の前方で、腕を突き上げ、背伸びをしてる人もいた。一行の感懐はそれぞれだってことだ。

バスは再び高速道路をひた走り、天水という所で又一般道に出た。マンションの建ち並ぶ街の歩道に、布やゴザを敷いただけの露店が時折姿を見せる。商売気のなさそうな売子が、地面に尻を着いて買手を待ってるんだ。それでも、街には活気があるな。どこへ行くのか、荷物を積んだトラックが行き交ってる。

渭河を渡ると都会らしい雰囲気になったな。片側三車線ある舗装道路。垢ぬけたマンション群。でっかい湾曲した高層の建築物があった。見た瞬間、スタジアムかと思ったが、それを通過する時反対側が見えて、マンションとわかった。我国と建築様式が異なるな。道路の中央分離帯には、両側に腕を伸ばしたような洒落た外灯が幾何学模様に並んでた。街路樹も植えられていて綺麗な街並みだったな。

午後二時、やっとレストランに着いた。町間距離が長いからこんな時間になってしまうんだ。日本料理と看板にあったが、こんな所にまで来る日本人もけっこういるってことだ。だが、日本料理には程遠い、この辺の田舎料理ってとこだな。

一時間後に再出発。街場を離れるとまた田舎の風景になった。濁った川は、中国独特のものだ。黄砂が混じって流れてるんだな。川沿いの山岳部を列車が通る。二十両位の連結だったな。これが貨物列車だと五十両連結位になるってことだ。この鉄道は西安から、シルクロードのカシュガルの方まで続いてる長距離鉄道なんだ。本数が少ないから、長い連結になるのは当然のことだ。この辺は山岳地帯を走ってるので陸橋部分の所も多い。それも、広い谷合いになると長区間が高架になってるんだ。丸い支柱は見た目には直径が電柱三本位の太さで、高さは二倍位しかない。かかしの足のように並んでるだけだ。これでよく線路を支えられるなと思える程きゃしゃに見えるんだ。

我国で似た所といえば、兵庫県北部の山陰線余部《あまるべ》鉄橋に匹敵するな。余部は山陰海岸国定公園の景勝地だが、鉄橋の高さは四〇m以上あるから、車窓からの眺めは天下一品だ。中国の方は、もっとスケールがでっかいから、列車に乗れば窓から路盤は見えないし、空を飛んでるように感じるんじゃないかな。文字通りスカイラインだ。

天の川が流れ込んでできた町

夕方五時半頃、バスは長距離を一日中走って、ガソリンがなくなった。そのため、通り掛かりのスタンドで給油したんだ。日本では給油というが、中国では加油《チャーヨー》という。この「加油」という言葉は、声援を送る時の言葉としても使うな。中国の学校の運動会などでは、子ども達が「加油！　加油！」と言って声援するんだ。そう「がんばれ」という意味だ。日本語の給油よりもガソリンを入れて、がんばって走れってな感じがあって、言葉の使い方としては、より適切に思えるな。

午後六時半、まだ日は高い。緑の豊かな風景が広がってる。川も流れてる。やがて殺風景な砂漠の世界が待ってるとは想像しがたいな。やがて、天水の街に入った。昼食をとった所と同じ位の規模の街だ。柳の街路樹もきれいだ。高速道路を下りて天水賓館に着いた時は、午後七時になってた。

天水とは、宇宙がかった名前だと思ったら、それにはこんな話が伝わってる。漢の武帝《ぶてい》の元鼎三年（BC一一四年）の時、大地の裂け目に天の水が流れ込んで、でっかい湖ができたそうだ。その湖畔に武帝が町をつくらせ「天水」と名づけたことに由来するってことだ。しかし、今は湖はないが、町のいたる所で良質の水が湧くそうだ。

天水は、中国の地理的中心部にある。だから、古来より政争にまき込まれてるんだ。三国時代（二二二～二八〇年）に、蜀の諸葛亮孔明が、ここに祁山堡《きざんぽ》という要塞を築き軍隊を駐屯させたことで有名だ。さらに、もっと古い「周」の時代に（BC九世紀）、始皇帝の祖先は、この地一帯で牧畜をしていた。即ち、「秦」という領地を与えられ、周のために馬を育てていたんだ。秦はその後発展し、戦国時代には諸侯国となり、BC二二一年、秦王政の時初めて中国は統一された。政とは始皇帝のことだ。

天水市の人口は二八〇万人で広島県位、面積は福島県位だ。気候は湿潤で、「西北の小江南」といわれてる所だ。

長距離の旅は、食事が不規則になるな。晩めしは夜の八時になってしまった。一行で二テーブルだが、気の合いそうな者同志が同じテーブルに着くようになってきたな。

大都会を離れたこの辺では、田舎料理だ。白飯や饅頭《マントウ》が主食で、ピーマンの千切り、スティックのから揚げ、インゲン、チンゲン菜のとうがらし和え、肉の小間切れを入れた野菜の炒めものなんかだ。

食後、街を歩いてみた。九時を過ぎたというのにまだ明るい。車は前照灯をつけずに走ってるほどだ。ちっぽけな露店が並んでる中に、ちっぽけな虫籠を一纏めに吊るしてるのがあった。買ってみたら中に鈴虫が居た。よく鳴いてる。夜部屋の窓辺に置いといたがよく鳴く。その声を聞きながら、いつの間にか寝ついてしまったようだな。

天水の街角

神話の町「天水」

「天水」の名前の由来について、前号で「天の川」が降りそそいだと言ったが、これを「あまのがわ」と読んじゃった人がいるんだ。「てんのかわ」と仮名をふらなかった我輩が悪かった。

二、〇〇〇年位前の話としては、いくら何でも幻想的すぎやしないかと思ってあたりまえだな。そこで、補足しなきゃならないな。

前漢武帝の時代に、この地で雷鳴とともに豪雨が八十一日間降り続き、でっかい湖が出来たので、武帝が「天水」と命名したんだ。そんなことが実際あるんだろうか。日本人には荒唐無稽な話だな。だけど、よくよく考えてみると、山岳国の我国では、山に降った雨はそのまま海に流れ落ちる。しかし、ここは大陸だ。まして、天水のように中国の地理的中心ともなれば、海から可成りの距離だ。大量に降った雨水の行きつく先は凹地《くぼち》になる。だから中国人には素直に受け入れられる現象なんだろうな。

中国の現代作家である莫言《ばくげん》という人が、「秋の水」という幻想小説の中でこんな表現をしてる。「大湿原の中からゴロゴロと雷鳴のような音が轟き……馬の頭ほどもある黄土色の高波が四方から押し寄せてきた。波頭はザザーと音をたてて丘に当たり、湿原はたちまち数mの水深となった」と。幻想小説でも、武帝の時代の現実が、中国人の深層意識に残っている証《あかし》なんだろうな。

天水は、中国の歴史の発祥地でもあるんだ。中国の歴史は、三皇五帝から始まるとされてる。三皇とは伏羲《ふっぎ》、女媧《じょか》、神農《しんのう》をいう。五帝とは黄《こう》帝《てい》、顓頊《せんぎょく》、帝嚳《ていてい》、帝尭《ていぎょう》、帝舜《ていしゅん》だ。この八聖天子は、歴史というよりも、神話の世界の英雄たちだ。

三皇は、蛇身人首、人身牛頭の異形の神々で、火や狩猟や農耕を象徴したものだ。五帝は、中国に初めて国の形態を創ったとされる帝王たちを言うんだ。そして、男性の伏羲と女性の女媧は、ともに蛇身人頭だが、これが夫婦となって漢民族の人祖となった。

こんな神話は、世界各地で各民族がいろんな形で共通して持ってる話だ。西洋のアダムとイブだって同じだし、我国には造化三神の話がある。

先頃視察した八丈島にも丹娜婆《たなば》の話があるから紹介しとこう。

大昔、八丈島に大津波があり、すべてが流されてしまった。その時丹娜婆という女性が、船の櫓につかまって助かり、島に戻ってきた。彼女は妊娠しており、やがて男の子を出産した。彼時がたち、その子が成長してから母子交合して、その子孫が繁栄し、今の八丈の住民になったってことだ。

ここ天水には、伏羲を祭った「伏羲廟」というのがあるので行ってみたんだ。沖縄の守礼之門のようなかっこうをした、それより立派な門の奥に廟はあった。廟の中には、さぞかし威厳に満ちた伏羲の像が鎮座ましましているだろうと思ったんだ。ところが、そこで見たのは麦畑の歌に出てくる、松っつぁんみたいなおっさんだった。しかし、手には陰と陽（女と男）の絡みあいを象徴する円い太極図（韓国の国旗の図柄）をしっかり持ってたな。

伏羲廟入口の門

麦積山石窟を見学

夕べ、こおろぎ入りの虫籠を買った街は、暗くてよくわからなかったが、午前中、日の光のもとでみると、街路は広く、よく整備されていて綺麗だったな。

けっこうでっかい町だ。外国には知られてなくても、こんな所は中国各地にあるんだろうな。中心の広場には、市民が多かった。その一角では、年配者たちが、リズム体操をやってた。赤いアドバルーンが数個揚がってて印象的だったな。

今日は麦積山石窟へ行くんだ。バスは郊外を目指した。道路を建設中の所を何ヶ所も通った。開発が盛んだな。つまり、舗装道路、砂利道、土の道の繰りかえしだ。この辺の土地は肥沃なんだろうな。道路の際まで畑になっていたり、山のてっぺんまで段々畑だったり、全体的に緑の多い土地だ。小さい、小高い山がいく重にも重なってて、リズミカルに波を打ってる感じだ。煉瓦を満載したトラクターを見たり、牛の群に行く手を阻まれたりしながら、やっと麦積山の麓に着いた。

ガイドは「これが丸いの山、麦積山と呼ばれてます」と言った。中国語的日本語だ。登り口に「国家級風景名勝区麦積山游覧示意図」と書かれた看板が立ってて、山の見取図が書かれてたな。大袈裟な看板だが、それもそのはずで、中国に数ある有名な石窟の中でも、その風景が一番美しいんだそうだ。それで一九八二年に「国家重点風景名勝区」に指定されたってことだ。山の名は、麦藁を積み上げた形に似ているところから付いたんだ。

甘粛省内においては、東端にある麦積山石窟と西端の莫高窟は美しさにおいて名窟といわれる両横綱だ。麦積山石窟は、四世紀後半、十六国時代の東晋の頃から清の時代まで造営が続けられたそうだ。石窟群は、唐代に山の中央が崩落して、今では東崖と西崖に分れてしまった。東崖には五四の石窟、西崖には一四〇の石窟が残ってるんだ。それらは、そそり立つ断崖に幾重にもつくられた桟道でつながってる。この石窟群には、四二〇年頃には三〇〇〇人もの僧が常住してたらしい。北魏の時代に太武帝が仏教を弾圧（四四六年）したため一時下火になったが、その後、鮮卑族の拓跋氏《たくばつし》が再び仏教を奨励したことにより、開削が再開されたんだ。

麓の寺院前の一角から石段を昇った。先ず目につくのは、東崖の三体の巨大な摩崖仏だ。階段を昇り、桟道を渡りながら石像や塑像を見て歩いた。どれを見ても、表現されている内容がよく分らないので、じっくり見ることはなかったな。それでも、特徴的なものや美しいものは印象に残った。菩薩と弟子がささやき合っている像は寄りそって楽しそうだったな。六年の苦行の後、王城に立ち寄った釈迦が、幼い息子に会い、抑制を失いそうになる像など生活の息づかいや人間味が溢れてて親しみが持てたな。麦積山の彫造の中でも、特に際だってるといわれる第四四窟の仏像は、気品があって優雅で、その表情は、上海の玉仏寺の玉仏座像を思い起こさせる美しさだったな。

麦積山と石窟群（右手木立ちの上にあるのが東崖第13号摩崖大仏）

名物、蘭州麺を食べる

天水は前に言ったように漢民族の人祖である「伏義《ふっぎ》」を祠った廟があるくらいだから、非常に古い土地柄なんだ。それには、ここが地理的にみて、陝西《せんせい》、甘粛《かんしゅく》、四川三省への交通が交わる要衝であることにも因るのだろうな。

秦《しん》の始皇帝の祖先は、紀元前九世紀の周の時代にはこの一帯で牧畜をしてたんだが、六〇〇年後に始皇帝が現われ、この天水を基盤として東方へ進出し、天下を統一したんだ。

漢の時代には、天水郡となり、西北地方を守る地として重要視されてるな。

三国時代には、蜀の諸葛亮孔明が活躍した。ホテルの近くに、六〇〇年前の明代の街並が保存されてると言うので歩いて行ってみたんだ。道路の両側に古い重厚長大といった感じの街区があったな。古いどっしりした朱塗りの建物が並んでて、どれも商店だった。現代中国の街並とは異なるんだろうが、中国の建築様式のものだから、外国人の我輩にとっては、違いがよくわからなかったな。

今日は、蘭州へ向けて出発だ。バスは午後四時二十分に出発した。夕方といっても、日本では午後二時頃の日の高さだから、昼ちょっと過ぎにスタートした感じになるんだ。高速道路は最近開通したようで路面も新しかったな。高速道路だというのに、例によって路肩では、カゴに果物を入れて露天商人がずらりと並んでる。リヤカーや歩行者も悪びれずに堂々と通行してる。日本人からみると大いに違和感があるな。

午後九時三十分やっと夕めしにありつけた。清香閣という料理屋だ。蘭州がすぐ近いんだろう。出てきたのは、かの有名な蘭州麺だった。

そこで、蘭州麺についてひとくさり講釈しとこう。蘭州麺は、一口に言ってしまえば牛肉麺なんだ。中国の旅行案内書には次のように書いてある。

「今から、一〇〇年ほど前に、回族の馬保子という人が、ビーフンコンソメのヌードル屋を開いたのが始まりで、麺好きの西北人や豚を食べない回族に大受けし、蘭州名物になった。最近、味を工夫し、具に従来の肉とレバーのほか、大根、香菜、ねぎなどを入れ、薬味にラー油を使って、色、味、香りとも一段とアップしたので大評判になっている」と。

食材の小麦粉は、地元特産の最高級品を使い、野生植物から採った天然ソーダを加えてしばらくねかせておくそうだ。それをよくこねて、一〇〇gずつに小さくわけ、伸ばして麺にするんだ。麺作りを実演してくれた。生地をのばしては折りたたみ、一本が二本、二本が四本と七回やって紐のようにのばしたのを鍋に入れるんだ。ヤクのスープが最高だってことだ。形もいろいろ出来る。生地を転がして丸い棒状のものを伸ばしていけば普通の麺だが、転がした丸い棒を三角形に整えてのばすと三角形の麺が出来る。平たくして伸ばすと名古屋のきしめんだ。茹で上がって丼に入れ、出てきたのは醤油味のスープで、我国で言えば、かけうどんみたいなもんだ。感激するほどの味じゃなかったな。午後十時三十分ホテル着。

蘭州麺作りの実演（中国のイラストより）

蘭州は交通の要衝

この日、ホテルに着いたのは、二十二時半頃になってた。長い道中だし、途中に町がないからこうなっちゃうんだな。

シャワーを浴びて、部屋に出ると、窓辺に置いといいた虫籠の中で、コオロギが我輩を待ってたように、綺麗な声で鳴き出した。天水の夜店で買ったやつだ。

ガイドは、天水で今日の十五時頃、男性の趙さんから、女性の宋さんに替わってた。旅行団は、年配の男性が多かったから、「宋美麗さんの親戚ですか?」なんて、若い者には分らない冗談なんかを言ってからかってたな。その宋さんが、説明してくれた蘭州の町についてまとめておこう。

蘭州は甘粛省の省都だ。人口は三〇〇万人、面積は千葉県の一〇倍に当る五万一、〇〇〇㎢だってことだ。我輩は、この説明は全く信用してないんだ。二〇年前の資料だと、人口は約四五〇万人だ。人口に関する説明は、中国全土といっていい位いい加減だ。

蘭州は、中国の西北地区では、西安に次ぐ第二の中心都市であることは確かだ。隴海《ろうかい》、包蘭、蘭新、蘭青の四鉄道をはじめ、内モンゴル、寧《ねい》夏新疆《かしんきょう》、青海、チベット各地と中国東部を結ぶ水陸空の交通が集中してる中心都市なんだ。漢民族のほかに、回族、満州族、トンシャン族、チベット族、トゥー族などの少数民族が居住してる。しかし、同じ地区に同居してるんじゃない。町の中心を流れる黄河の南側に漢民族、北側に少数民族が住んでるんだ。

回族は、八世紀頃にアラビアから来たイスラム教徒だ。豚肉は食わない。食ってしまった者は、石灰を含んだ水で腕腸されてしまう。

蘭州は七月末の現在、雨期で比較的涼しいようだ。年間雨量は三三〇ミリってことだから、東京（一六〇〇ミリ）の五分の一位で、半乾燥地といわれてるな。交通の要衝にあるから、昔から軍事都市としての性格が強いところだ。

また、周辺各地の特産品の集積地として、商業都市でもあったんだ。それが、最近では工業都市としても発展してるんだ。そのため、冬になると大気汚染など公害がひどいらしい。黄河に魚は棲めないそうだ。

生活費は安い。３ＬＤＫの家賃が月三〇〇円、光熱水費を入れても四五〇円位だ。食費も安い。給料は毎月ボーナスが出る仕組のようだ。企業の利益にもよるが、月当り一万五、〇〇〇円位になる。

教育費は、私学は高いが公立なら、本代、教材費、給食費を入れても、年間六、〇〇〇円位ですむようだ。


ここ蘭州から安西までの南北を山脈に挟まれた細長い地帯を河西回廊っていうんだ。その距離は一、二〇〇㎞もある。

河西回廊は、シルクロードのネックに当る部分で、前漢の時代から多くの武人や僧侶、商人などが去来したんだな。

灌漑用の水車により蘭州の耕地は開かれた

炳霊寺を見学

炳霊寺《へいれいじ》は、蘭州の市内から南西に一二〇㎞離れた永靖というところから、遊覧船で一時間かかるところにあるんだ。ホテルを発って二時間、十一時半頃船着場に着いた。崖下の川岸に繋がれていたモーターボートに乗った。かつては弁当持ちで歩いて行ったそうだ。劉家峡ダムが出来てからは船で行けるようになり、時間が短縮されたんだ。

川の水は黄銅色だ。川岸の土はアンツーカーといわれる小豆色。まわりに見える山の形は、桂林の灕江《りこう》の山のようにうねってるんだな。だけど山容は丸みがなく、樹木もなく、ごつごつした岩山だ。チベットの山に似てるな。一時間程で炳霊寺への上陸地の桟橋に着いた。川沿いの崖伝いの道を歩き谷間に入って行くと、その先に寺はあった。

寺の名の炳霊《ビンリン》とは、チベット語で千仏、或いは十万仏という意味だ。黄河の北岸に石窟が開かれていて、崖の延長は八㎞にも達するんだ。それも四層になってて、石窟の中には、合計六九四の石像、八二の塑像、九〇〇㎡に及ぶ壁画があるんだ。これらの作品は、四世紀の西秦の時代から造られ、北魏、北周、隋、唐、から明、清の時代まで続いた。中でも、唐の時代のものは全体の三分の二を占めてるんだな。いろんな種類の像がある。釈迦と多宝仏が並んで座り、仏法を語りあっている像なんかユニークで面白い。石窟として、西秦の時代に開さくされたものは、中国では一番古いものだ。今では人も通らないこんな僻地の壁面に、こんなに多くの石窟を穿ち、石仏を彫ったのか。それは、その昔、ここはシルクロードの交差点で、ここから分かれ、烏鞘嶺《うしょうれい》などの険しい山越えをする前に、ここで長旅の安全を祈ったんだ。多くの仏像に接し旅人は安らぎを感じたんだろうな。

ここまで書いてきてふと思ったんだな。何故、甘粛省にチベット文化の影響があるんだろうかと。その謎は、先頃新聞でダライラマ十四世に関する記事を読んで解けたんだ。インドに亡命中のダライラマが、チベット問題の解決に中国との対話のテーブルに着いた時、チベットの範囲は、現在のチベット自治区（西蔵）のほか、チベット人が住む青海省、甘粛省、雲南省北西部、四川省西部を含むと主張してるとの記事だった。

この範囲で二五〇〇万平方キロメートル以上にもなり、全中国の面積（九六〇〇万平方キロメートル）の二五％を越える膨大な面積になるんだ。位置的には、内モンゴルに境を接する甘粛省から青海省、西蔵へと南へ続いてる。昔、青蔵といわれていた地域だ。

これで、明治の快僧河口慧海が、チベット旅行記の中で、チベットへの入路としてモンゴル経由のルートがあると書いた意味が分かったな。四川省の九寨溝にもチベット人がいたしチベット寺院もあった。雲南省のシャングリラでもそうだった。現在の中国の地図に惑わされていたんだな。

炳霊寺の帰り道、チベット僧に会った。「オンマニペメフォー」と挨拶したら、怪訝《けげん》な顔をしながら「オンマニペメフォー」と答えたよ。

炳霊寺の摩崖大仏

下痢に悩まされる

それにしても残念だったな。帰りのモーターボートの中でそう思った。何故かっていうと、目当てにしていた土産を買うことが出来なかったからだ。というのは、炳霊寺へ向かう崖沿いの参道の途中に土産物屋があったんだ。少し立ち止まって、いろいろ物色し、買う物を決めといた。その場で買うと、見学している間中、ずっと持っていなければならないからだ。

帰り道にまた立ち寄った。そしたら、一足先に着いた同行者がそれを買ってしまったんだ。それは、我輩が目星をつけておいたやつだぞと言ってみたって仕方ない。やっぱり、いいと思ったらすぐ買うべきだな。

帰りのモーターボートは快適だったんだが、そのうちトイレをもよおす者が出てきたんだ。それも一人や二人じゃない。下痢だ。我輩には原因は分かってる。炳霊寺への船着場にあったレストランが発病場所だ。あの時、モーターボートから降りてこのレストランで昼めしを食ったんだ。その前に我輩は、トイレに行った。トイレは調理場と隣合わせだ。仕切りの壁はあったが、調理場の床の水とトイレの床の水とが行き来している感じなんだ。大腸菌と雑菌が行き交ってるように感じられるんだ。ガイドは言った。かつてはにぎり飯を持参して来たんだが、今は、こんな立派なレストランが出来て便利になったと。

しかし、席に着いたものの食う気にはなれなかった。手持ち無沙汰だから、大皿に乗せられてきたでっかい白身の魚を、皆んなのために解体してやったんだ。ただそれだけしただけだ。腹が減っていたから皆んなは食った。その結果が船の中で出たってわけだ。旅先で下痢はつらいな。体力の弱まった一行を乗せて、モーターボートは蘭州に着いた。夕刻でまだ時間があるから市内見学に行ったんだ。市内には三つの有名な公園がある。白塔山公園、前漢の名将霍去《かくきょ》病《へい》が宿営した五泉山公園、ジンギスカンゆかりの興隆山だ。

　白塔山公園に行った。石の階段を昇って公園に入った。園内の建物は石造りが主で、全て一九五八年に建てられたものだ。一番上まで行くと蘭州市内が一望に見渡せるそうだが、皆んな疲れきっていたので上まで行ったのはほんの二～三人だ。しかし、途中の広場からもよく見えたな。目の前に黄河が流れてる。河の向こうには高いビルが林立していて活気に満ちてたな。

　清朝時代に架けられた鉄橋がすぐ下に見えた。四つのアーチに支えられた橋でかつて黄河三大鉄橋といわれたもんなんだ。通行止をして補修工事に入ろうとしているところだったな。

　黄河の畔を歩いてみた。巨大な水車が二基、ゆったりと廻ってた。水車が汲み上げた水の導水路の先に「水車坑」という東屋みたいのがあった。中に入ってみたら、これまたでっかい粉ひき臼が廻ってた。動力の伝わり方を学習出来るようになってるんだな。

　河畔の広場に黄河の母という像があった。片肘をついて横たわり、その腹には子どもが腹ばいになってる。蘭州は、黄河の水を水車により灌漑して開けた街だ。黄河の水は母であり、それに養われる人民は子どもってわけだな。

黄河の母の像

シルクロードは苦し道路

下痢で体調をこわした者が何人かいたので、今朝はゆっくり出発することにしたんだ。

バスは十時にホテルを出発した。シルクロードの要衝都市、蘭州ともお別れだ。だが、時間がなくて多くを見られなくて残念だったな。

シルクロードは、長安（現在の西安）からローマまで九、〇〇〇㎞にも及ぶんだ。

シルクロードの東の終点である日本の奈良までは、長安から二、五〇〇㎞はある。この間で文化の交流や、様々な経済活動が行われ、それに伴う覇権争いが繰り広げられたってわけだ。

シルクロードは、三つに大別されるんだ。その内、陸のシルクロードといわれるのが長安からローマまで、草原のシルクロードが雲南から内モンゴルまで、海のシルクロードが東南アジアから日本までということで、これは明朝時代に開かれた。その昔、長安からローマまでを全部踏破すると一五年もかかったそうだ。どんなに早くても一〇年はかかったようだ。「だからシルクロードのことをクルシドーロというんです」とガイドは洒落を言った。実際には、ローマまでは行かず、長安と敦煌《とんこう》の往復で終わっていたようだ。ローマから来る場合も同じだ。そして、この敦煌で一週間位滞在し、交易を済ませて、また長安、あるいはローマに帰って行ったそうだ。

しかし、その道中は平安なものじゃなかった。盗賊に出くわして、汗水流して獲得した交易品を横合いから掠奪されたり、場合によっては殺されもしたんだ。

そのため人々は、旅の要衝に寺院や石窟を造ったんだ。先に見てきた炳霊寺の石窟もそうだし、これから行く先にある敦煌の莫高窟なんかもそうだ。キャラバン隊はここに立ち寄り、旅の疲れを癒すとともに、道中の無事を祈ったんだ。

さて、バスは蘭州を離れると、登り坂になった。高速道路なんだろう、上下一車線だが、アスファルトできれいに整備されてたな。道路の両側には、いろんな広告看板が立ってた。外国人の我輩から見ても、目立つのがあった。「銅罗湾」なんてのは、意味は分からなかったが、角ばった太いでっかい文字で印象的だった。感覚に訴えるものが十分あったな。土が剥き出しの、切り通しのような所が続く。ガイドは言った。「これが有名な黄土高原です」って。

聞いたことがある人も多いだろう。この地帯特有なもので、ここより北西方の乾燥地帯から、強い季節風によって吹き寄せられてくる微細な砂や粘土が堆積したもんなんだ。その大部分は黄土層だ。被覆の厚さは五〇～八〇m位で、中には一五〇mになる所もある。黄土高原は中国北部にあって、その範囲は、東の太行《たいこう》山脈と西の烏鞘嶺《うっしょうれい》の間、また、北の万里の長城と南の秦嶺《しんれい》山脈に挟まれた地域に渡ってるんだ。その面積は四〇万㎢というから、日本より広いんだ。この砂は、強い西風によって東へ吹き流される。時として我国まで飛んできてニュースになることもあるな。そして東西に流れてきた黄河は、蘭州で九十度北へ方向を変えるので、まともにこの黄砂を受けるんだ。それで黄色く濁ってるんだ。鳥鞘嶺から西の敦煌までを河西回廊っていうんだ。

バスで黄土高原を走る

河西回廊と言ったが、どうもこの回廊という字からは一本の道を想像できない。辞書を見ても「回り廊下」とか「折れ曲って長く続く廊下」なんて説明してある。中国ではこれを「河西走廊」と表現してるんだな。さすが漢字の国だ。この方がピンとくるな。ところが我国の辞書には「走廊」っていう言葉は載ってない。

また、我国では「ゴビ砂漠」という。我輩が子どもの頃、サハラ砂漠やタクラマカン砂漠と同じように固有名詞として覚えてきたな。場所はモンゴルにあると思ってた。だがゴビと砂漠は違うってことが、この河西回廊に来て分かったんだ。ガイドの説明によれば、砂だけで出来ているものを砂漠といい、ゴビってのは砂利混じりの荒地を言うんだそうだ。海岸へ行くと砂利混じりの荒地があるだろう。現地では、そんな土地をゴビって言ってたな。つまり、ゴビってのは砂漠の種類なんだ。その範囲は気が遠くなるほど広いんだ。昔の人は、こうした灼熱の乾燥した不毛の荒地を旅したんだから、その苦労は察するに余りあるな。

ラクダは砂漠の交通手段

その頃、交通手段として利用されたのがラクダだ。ラクダは「砂漠の舟」と呼ばれる程に、厳しい砂漠地帯で大いに活躍したんだ。ラクダといえば、我国の子ども達は「月の砂漠」の歌とも結びついて、ロマンチックな光景をイメージするだろうが、現実はそんな甘いもんじゃないぞ。

ラクダについて少し話しておこう。

ラクダには二種類ある。北アフリカやアラビア半島が原産のヒトコブラクダと、イランから中央アジア、中国北部地方が原産のフタコブラクダだ。コブが一つあるか二つあるかの違いだ。シルクロードで活躍したのはフタコブラクダの方だ。外見上は両方とも似てるが、フタコブの方が一まわり小さい。それでも体長は二・五m、体高一・八m、体重五〇〇kgもあるんだ。両方とも砂漠の厳しい気象に適応できる形態と生理をそなえてる。背中のコブは脂肪で食物が不足するとこれを消費する。また強烈な直射日光に対し断熱的効果がある。脂肪がコブに集中してて皮下に貯蔵されないので、放熱を容易にし、炎暑にも耐えられるんだ。体温は外気の温度によって容易に変動し、その幅は三四～四〇℃に及ぶ。つまり、水分の消費、エネルギーの消費をうまく調節してるわけだ。尿量は一日一lと極端に少なく、逆に一度に大量の水を飲むことができる。水の少ない砂漠の生活に見事に適応してるんだな。

ゴビの中でも地下水の豊かなところではけっこう植物も生えるらしい。その主なものは、ラクダ草（これはラクダの餌だ）、赤い花の咲くタマリスク（紅柳ともいう）、積積草（これでほうきをつくる）などだ。

荒涼としたゴビ地帯の奥に雪山が見えてきた。一行はバスを降り、それをバックに記念写真に収まった。

更に進むと、山は低くなった。天河湾という所だったな。あたり一面菜の花畑になった。山は菜の花の黄色いパッチワークになった。牧歌的で綺麗だったな。バスを止めて、その場でしばらくその風景の中に融け込みたかったたな。

ラクダは砂漠の重要な交通手段（中国の絵ハガキより）

雷台を見学

パッチワークの景色を過ぎると街に入った。武威だ。武威は河西回廊の中でも石羊河が造る最も豊かなオアシスだ。古代には、異民族の居住地であったが、漢の時代に武威郡が置かれ、西域統治の一拠点となってきたんだ。

前漢武帝がシルクロードを支配するに当たって、その威を知らしめるというところから付いた名前らしいな。この辺には、十一の少数民族が住んでるが、中でも多いのはラマ数のチベット族だ。回教徒は少ないようだ。春には砂嵐があって、飛行機が飛べない日もあるそうだ。

今は七月で、日中は暑いが木陰は涼しいんだ。八月中頃から気温は下がり、九月が観光シーズンだとガイドは説明してくれた。

今晩泊まる天馬賓館で遅い昼食を摂った。既に十四時半になってたな。食後、それぞれの部屋でシャワーを浴びるなどして一休みして、夕食にはまだ早いから街を見学に行ったんだ。最初に連れて行かれたのは孔子廟だ。儒教の祖である孔子は、中国では、やはり神様扱いだな。孔子廟の本山に相当するのは、山東省の曲阜《きょくふ》という所にあるんだ。ここのもかなり古いようだな。年季を重ねた老木に囲まれた廟の前面に、巨大な孔子の立像が威容を誇ってたな。

次に雷台へ行った。雷神を祀る廟だからそんな名前になってるんだ。その周囲には、泉の水があちこちで湧き出し、それが集まって雷台湖となってるんだな。湖の岬には人工的に黄土を積み上げ、台形の土地を造成した。高さ八・五m、東西一〇六m、南北六〇mある。境内には、柏や槐樹《えんじゅ》の老木が天を覆うように聳えてる。その中に雷台廟は鎮座してるんだ。廟は、昔からいろんな歴史的変遷を辿ってる。当初は四世紀に霊均台という宮殿として造られた。約一、〇〇〇年後の明の時代に、雷祖廟となり雷神を祀るようになった。清の時代に再建され今日に至ってるんだ。

これだけの説明では、何の変哲もないな。劇的な出来事は、一九六九年に起こった。台の地下から後漢時代の大型磚室墓《せんしつぼ》が発見されたんだ。二三〇点余りの出土品があったそうだが、その中で特別有名になったのが、青銅製の奔馬だ。馬踏飛燕《ばとうひえん》と名付けられてるが、それは、飛んでる燕を踏みつけながら奔走してる馬の鋳物だ。本物は蘭州の博物館にあるが、いま武威のシンボルになってる。天馬と名付けられ、街の至るところで像や絵になってる。観光客誘致に一役買ってるってわけだ。

雷台脇の壁面の一辺に入口があって、階段で地下の墓に降りられるようになってる。墓は、かなり深いところにあって、中は涼しかったな。出土品は取り出されていて何もなかったな。

墓は造り方に特徴があった。天井が履甕型《ふくおうがた》になってるんだ。つまり、甕《かめ》をひっくり返した中が墓室ってわけだ。天井は瓦を縦に噛み合わせるように並べられていて、頑丈で崩れにくい構造になってるそうだ。

銅奔馬と雷台

西夏文字について

前号で孔子の事に触れたが、もうひとつ書いておかなければならないことがある。孔子を祭る廟は、この武威では文廟というが、それは、一四三七年の明朝時代に創られたものだ。

大成殿と尊経閣が主な建物だが、全体面積は一万五、三〇〇㎡というからかなりの規模だ。西側の大成殿の前には、半池という池があって、そこに、状元橋と呼ばれる階段状の橋が架かってるんだ。この橋は、進士の試験に合格した者だけが渡ることを許されてるんだ。進士とは科挙の試験に合格した者をいう。

この文廟は、数棟の建物から成っていて、武威市の博物館になってるんだ。先史時代からの文物や資料、貴重な蔵書や重要な石碑も陳列されてる。西夏の貨幣や陶器、人の頭蓋骨で作った泥佛塔、チベット族の木版画もある。なかでも珍品とされるのは、西夏文字が彫られた「重修護国寺応塔碑」だ。通称「西夏碑」といわれるやつだ。中国に現存する最大で、最も完全な西夏文の碑だ。

西夏とは、チベット系のタングート族の李元《りげん》昊《こう》が、一〇三八年に建てた国だ。領域は河西回廊で、興慶府（現在の銀山市）を都としてた。唐の滅亡後、中国は分裂し、五代十国といわれた時代があった。その頃から河西地方も群雄が割拠する地となってしまったんだろう。そうしたなかで、力をつけてきたのが、西夏、吐蕃、回鶻《かいこつ》（ウイグル）、契丹などだ。

武威市一帯は、その頃「涼州」と呼ばれてて、名馬の産地だったんだ。この地は宋にとっても回鶻にとっても大事な場所で、常に争奪戦が行われたんだ。

やがて、涼州を占領した西夏は、西方へ進行し、「甘州」、「粛州」を順調に占領していった。これによって、それまで回鶻人が握っていた、西域との通商権を奪ったことになるんだ。西方からくる玉やあらゆる物資は、西夏を経て東方の宋や契丹に入ることになり、莫大な利益が得られたんだ。西夏が、他の諸民族と違っていたのは、自国の文化の高揚に努めたことだろう。その最たるものは、独自の文字を持ったということだ。

それらは、西夏文字という独特な文字だ。漢字を基に作ったから、漢字のようだがそうでない。漢字の部首と部首を組み合わせて作ったから漢字に角を生やしたような字で字画も多い。

「重修護国寺感応塔碑」は、最も完全な西夏文字の碑として注目されてるんだ。この石碑は、一八〇四年に発見された時は、誰にも読めなかったが、一九三六年、内蒙古のフフホトで西夏時代の辞書が発見され、その内容が分かったんだ。

つまり、石碑には、武威市にあった護国寺が地震によって傾いたが、自然に元に戻ったということが書かれてるそうだ。自らを「大夏」と称して河西一帯（ほぼ今の甘粛省）を制覇した西夏だったが、一二二七年チンギス・ハンに滅ぼされた。わずか一九〇年しか存在しなかった幻の王朝だったわけだ。

「西夏碑」は、残念ながら撮影禁止だったな。

武威博物館も兼ねている文廟と状元橋＝中国の旅行案内書から

仏典翻訳者　鳩摩羅什

シルクロードは東西交易の道だ。従って文化交流の道でもあったわけだ。そのひとつは、仏教伝来の道として大きな役割を果たしたんだ。昔から、シルクロードを行き来した仏教徒は数えきれない。中国からは、仏教経典を求めて天竺（インド）へ、逆に、インドから西域に伝わった仏教を、中国へ伝道にという風に、互いに交流があったわけだ。

　仏教伝来に関して有名な高僧は、仏図澄、鳩《く》摩《ま》羅《ら》什《じゅう》、法顕、玄奘などだ。

　ここ、武威には、鳩摩羅什に因んだ羅什寺という寺があった。これは一九二七年の地震で倒れてしまった。寺が無くなっても、羅什塔という八角十二層の塔が残った。この塔は、武威市の北大街にあって金色燦然と輝いて聳え、市の名勝となってるんだ。

　さて、その鳩摩羅什だが、彼は、四世紀から五世紀初頭にかけて活躍した天才的な学僧だ。仏教経典を翻訳し、中国にもたらしたんだが、その数が二九七巻という膨大な数だ。大体、こんな大それた偉業を成し遂げる人は、運命的な縁とつながってるんじゃないかな。彼は、出自もすばらしい人だ。西域にあった亀茲《きじ》国（今の西域北道のクチャあたりにあった国）の生まれだ。父はインド人で、代々大臣を務めた家柄の出であり、母は亀茲国王の妹で知的な人だった。

　羅什は、子供のころから神童の名が高かった。熱心な仏教徒だった母は、次子を産んだ後、羅什を自ら教育するため尼僧になったんだ。

　九歳のとき、インドのカシミールへ母とともに修業に立った羅什は、名僧般頭達多《バンズダッタ》に師事し、小乗仏教を学ぶわけだ。朝から昼まで仏の功徳をたたえる千偈《せんげ》を手写し昼から夕方まではそれを暗唱したので、彼の名声は周辺諸国に聞こえたんだ。

十二歳にカシュガルへ行く。そこで蘇摩に師事し、「空」の思想と大乗仏教の真理を悟るんだ。

二〇歳で戒を受ける。そのとき母は亀茲国の衰運を知り、インドへ去ってしまうんだ。今生の別れに際し羅什に言う。「大乗の聖教は中国で花開く運命にあるが、これを東土に伝えるのはそなたの力によるだろう」と言って。

西域諸国は、羅什を崇敬し、やがてその名は、シルクロードを伝わって、中国に届くんだ。

前秦王の符賢に亀茲国は滅ぼされ、羅什は中国に送還される。さらに、符賢が殺害されると、涼州に後涼が建国され、ここ武威に羅什は十五年も留め置かれる。この間に羅什は、中国語や中国の事情を勉強したんじゃないかといわれてる。

四〇一年、後秦の都長安に迎え入れられる。ここで多数の中国人学僧の協力を得て、二九七巻の仏教経典を翻訳するという空前の大事業を成し遂げたんだ。一言も漏らさず暗唱していた羅什は、それを口に出してから漢訳したって言うから、まさに大天才だ。

二五〇年後、唐代の玄奘は、一、三三五巻の大翻訳を成し遂げるが、羅什の残した翻訳などが大いに参考になったんじゃないかな。

西安市草堂寺にある鳩摩羅什像（中国旅行案内書より）

武威から張掖へ

武威はかなり大きな町だ。何しろ、河西回廊というゴビ地帯に開けた大オアシスの一つだからな。街の佇いは、まさに大都会だ。土地は広いし道路も広い。その道路に面してオフィス街があり、デパートがあり、商店街があるって感じだ。

歩行者天国になった道路があった。それをしばらく進むとゲートがあって、くぐるとマーケットになってる一面があった。粗末な建物が立ち並び商店が連なってた。上野のアメ横を連想してもらえばいい。果物や日用品雑貨、惣菜屋には野菜の煮物から、豚の耳、顔まで油で揚げて毒々しく並んでる。その他駄菓子や中華食堂など何でもござれだ。何でもござれといえば、ちょっとした広場には卓球台が四台もしつらえてあった。さすが卓球の国だな。

マーケットを抜けたら、でっかい広場があった。街路も整然としてて、綺麗だったな。広場を背にして、歩道の一角で人だかりがしてたから行ってみた。黒いズボンに白いシャツ、蝶ネクタイの若い男二人が、台の上に立って何かの宣伝をしてた。彼らは何事かをセンセーショナルな口調でしゃべった後、十数枚のカードを群集に向かってばら撒く。すると皆は、そのカードを先を争って拾うんだ。何か景品でももらえるんじゃないのかな。女性が多かったから、化粧品の宣伝でもしてたのかな?

朝八時三十分、今日は次のオアシスの張掖へ向けて出発だ。武威から二六〇km、車で三時間三十分かかるんだ。鳥鞘嶺《うしょうれい》山脈を過ぎているから、既に河西回廊に入ってるな。ガイドは女性に替わった。日本語通訳の独特の訛《なま》りがある上、早口だから聞き取りにくい。しかも、言葉の羅列だけで解説がないから、聞いていて疲れるんだ。左には祁連《きれん》山脈が続く。それに並行するように真っ直ぐに伸びるアスファルト道路の両側にポプラ並木が続く。虫除けのためか、どの木も根元から一m位の高さまで白く石灰が塗られてる。道路の外側は、畑があったり、荒地のところは埃っぽい。それでもまだまだ緑は多い。この辺の産物は、棗《なつめ》や白蘭花《びゃくらんか》だとガイドは言った。

しばらく行くと、万里の長城の残骸が見えてきた。この辺のものは、土を積み上げて分厚く固めたものだ。高さは五mくらいはあるだろうな。所々風化の激しい個所があったりして、低くなったり向こう側へ行かれてしまうところもある。保存状態のよいところでバスを降り、見学がてら休憩をした。あたり一面ゴビ灘だ。足元で突然小動物が逃げ去った。蜥蜴《とかげ》のようだったな。急いでその方にビデオカメラを向けたが、保護色のためか見失ってしまった。

羊飼いが数十頭の羊を追ってた。一体どんな生活をしてるのかな。電線があったから、テレビぐらいはあるのかな。またしばらく走った。ポプラ並木の真っ直ぐな道になった。日本では見られない景色だな。その外側は緑豊かな畑に変わってきた。町が近い証拠だ。張掖まで三六㎞と書かれた看板が出てきた。

万里の長城を背に（筆者）

張掖市内を見学

沿道に町場が現れてきた。ポプラの並木道が続いたと思ったら、張掖の町へ到着した。バスが進むに連れて町の佇いは立派になってきたな。やがて中心街へ入った。

広い道路の交差点には、中国のどこの街にでもあるようなモニュメントが聳えてた。敦煌は反弾の琵琶を弾く飛天（天女）、大連はサッカーボールと言うように。ここのは、背の高い金属製の二本の柱が寄り添うように立っており、上部は柱が両方に開いていて大きな球をささげ持つような格好になってたな。我輩は敦煌のが好きだ。

張掖とは変わった名前だが、何の事はない。両方へ腋を張ってると言うこと。つまり、通って来た武威市と、これから行く酒泉市の両方へ手を伸ばしている街という意味だ。面白いネーミングだな。

中心街は車道、自転車道、歩道が区分されて、間に街路樹が植えられてるといった構造だ。土地が広いから出来ることだな。

バスの窓ガラスは、これまで通って来た道程を物語ってたな。つまり、土埃で汚れきってるんだ。だから、折角の綺麗な街並みもよく見えないんだ。それでもガイドは一生懸命説明を続けてるんだ。「あれが、農業銀行でこれが人民銀行です」と。

十三時五十分、ホテルに到着。低層だが建物が分かれていて広いホテルだったな。この辺まで来ると、敦煌の影響が出てるな。フロントの天井には大きな円が書かれてて、その中に、輪になって飛んでいる飛天が描かれてた。

遅い昼食を摂って、部屋でシャワーを浴びるなどして一休みだ。

十六時ごろバスで町を見学に行った。柳の並木道を通っていくと、大仏寺に着いた。「仏法普遍」と書かれた扁額のある正門から中に入ると、巨大な大仏殿があった。その横幅は四九mと巨大すぎて、全部がカメラに収まるポイントを探すのが大変だったな。これは、西夏時代のもので、中には釈迦の涅槃像が横たわってた。自然な姿態、流線型の柔和で豊満な体。全体にバランスがいい。階上の壁面には、西方極楽浄土の世界が描かれてた。ゴビ地帯を旅してきた者にとって、ここで大きな安らぎが得られただろうな。

市の中心広場の一角に万寿寺がある。八角九層の楼閣だが、木造なので木塔寺とも言われるんだ。高さは三二mある。各層に配置された開口部や窓の位置は、階によってそれぞれ異なった方向を向いてる変わった造りだ。一階の東側には「登極楽天」と書かれた扁額がある。塔の上まで登ってみた。張掖の市内が一望できた。回廊を一回りしてみたが、市域はかなりの広がりを見せてた。高層建築物も多かった。この市域の外側に広大な荒野が広がっていようなどとは、想像もつかない。

夕食前に街をぶらつく、広い歩道、並木道、商店街、異国情緒たっぷりだ。鼓楼があった。明代に建てられたものだ。基壇は四方に開口部があり、中で四方へ伸びる大街が交差してるのが面白いな。

鼓楼

再びゴビ灘へ

八月一日九時三十分、ホテルを出発。ガイド女史は、課せられた仕事を型どおりにこなす。中国の会社の出勤時間は八時で、十二時から十五時までが昼休み、昼休みが長いのは昼寝の習慣があるため、十八時に仕事が終わるとか。聞くともなしに聞いてたな。

二十分もたったらもう郊外で、ポプラ並木が沿道に続く。道はアスファルト舗装だが、バスはひっきりなしにがたがた揺れるんだ。舗装状態が悪いんだな。

十時三十分頃になったら、あたりはすっかりゴビの荒地になってしまった。一時間前に出発した張掖という町が遠く去るにつれ懐かしく感じられたな。ここはなんと殺伐としたところだ。ついさっきまでいた張掖は、古い歴史があり、マルコ・ポーロも滞在したことがある町だ。数々の寺院や遺跡がある。長年積み上げられてきた歴史の重みと、町の風格があった。

夕べ歩いた街の一角に、「明清古風」と書かれた扁額のある中国式の門があった。そこをくぐったら、明代清代の街並みが道の両側に続いてた。そこを通り抜けたら公園があった。入口の前に広場があって物売りがいて、人だかりがしてた。その一角では男の浮浪者が、煤けた衣類を身にまとい、裸足で死んだように横たわってたな。

広場では、孫悟空をあしらった電動の自動車に子供が乗って旋回してた。中国のどこでも見られる漢人街の光景だったな。公園の名は甘泉公園といった。料金を払って中に入ってみた。甘泉という名の池を中心とした公園だった。一緒に入ったのは、埼玉から来た父娘連れと東京から来た五十代の男性だった。旅の途中から気があって話し仲間となった人達だ。娘さんも男性も、ともに高校の先生だったな。二人とも目の奥の光が違った。深遠な知性を感じたな。しかし、身構えたところがなく、気軽に冗談を交わし合えたので、旅が楽しかったな。

父と娘で旅行に出られるとはうらやましいな。お父さんの方は、役所の仕事をしてたようで、物知りだった。今はリタイアして家庭菜園なんかをしてるってことだった。

甘泉公園は、入口から池までが広いアプローチになってて、その間には、赤や黄色の花が咲き乱れ綺麗だったな。

遠巻きに林があり、池の端には柳が植えられてて、その枝が池の面に垂れ下がってた。柳の下では、数組の男女が麻雀に興じてた。いかにも中国らしい光景だったな。

十一時三十分、ちょっとした集落を通り過ぎたら、またすぐゴビ地帯になった。そこはどこまでも真っ直ぐに続くアスファルト道路と、それに併走する電線があるだけだ。生き物が生息できる環境とは思えないな。

その昔、六朝時代にシルクロードを旅した法顕という高僧が「仏国記」という本の中で言っている。「沙河中、多く悪鬼のごとき熱風あり、上に飛鳥なく、下に走獣なし…」と。

対象としている場所は異なるだろうが、いずれにしても、同じような状況ではないのかな。

これがゴビ灘だ

ゴビ灘の中で思う

バスはゴビ灘の中の真っ直ぐなアスファルト道路を疾走する。その道路は、場所によってはアスファルトを重ね塗りしてあって、波打っているところがあるんだ。だから、揺れはすごいな。舗装道路の揺れと振動は世界一じゃないかな。

都市と都市を結ぶ幹線道路は、これ一本きりだ。だから周囲はゴビ地帯で何もないのに、車だけはけっこう行き交ってるんだ。乗用車もあるが、一番目に付くのは、荷物運搬用のトラックだ。それも日本のように綺麗じゃない。埃にまみれさびが噴出してるような車体だ。それに荷物を満載してるんだ。途中で分解しちゃうんじゃないかと思われるくらいだ。長距離バスも通る。これだってあんまり綺麗じゃないな。満員の乗客を乗せて疾走してるんだ。行き先は西の方だと敦煌、東の方だと武威や蘭州だ。長距離バスに乗る目的は商売が主かな。

道路工事をしてる所を通りかかった。道路わきにはテントを張ってある。ガイドが言うには、そこで工事人が寝泊まりしているってことだ。確かに、街場の安宿に泊まったとしても、現場との往復だけで一日の労働時間の半分以上も取られてしまうな。ここに住む者だけが持っている知恵だろう。

工事現場では、車は道路から外れて走らなきゃならない。バスは、ローリングしながら固いところを選んで走る。砂にタイヤを取られたら脱出に大変な時間を要するからだ。運転手はベテランだったな。難儀しながらも走り抜け、元のアスファルト道路に戻った。ふと気が付くと、前方から二人の男が歩いてきた。一体どこから来たのだろうか。降って湧いたような感じだった。暑い中歩いてどこまで行く気なんだろうか。夜になったら、その辺に野宿でもするのかな。

こんな環境の中で生活する人は、何を考え、何を目的としているのかな。都市化された中で生活している日本人には想像もつかないな。大自然の中に身をゆだねるだけで、大自然に挑み、克服しようなんて気はさらさらないんだろうな。

ゴビの中に、ところどころ土が盛られてるのに気が付いた。ガイドに聞いたら墓なんだと言う。ここでは、死んだらどこに埋葬してもいいそうだ。数年も経たないうちに、土饅頭は平らになってしまって自分の肉親の墓の位置が分からなくなってしまうそうだ。大自然に返ってしまうんだな。

こんな所を見聞きしていたら、我輩が学生時代に所属していた運動部でよく歌った歌を思い出した。蒙古放浪の歌って言うんだ。

♪海の向こうの蒙古の砂漠

男多恨の身の捨て所
胸に秘めたる大願あれど
生きて帰らん望みは持たん♪

こんな歌だったが、その頃はバンカラ気分で、情景もよく分からなくただ歌ってたが、今、このゴビに立ってその意味が実感できたな。

ゴビの中の墓

酒泉に到着

バスは酒泉まで二六kmと言う地点を通過した。やがて、道の両側に濃いポプラ並木が続くようになった。料金所を過ぎたら大きな街についた。酒泉だ。ガイドに時間がないと急がされ、ホテルに荷物を置くなり、酒泉公園に向け慌ただしく出発した。

酒泉と聞くと、人によってはロマンチックな感じがするだろう。その名の通り酒の泉があり、夜光杯という杯で有名だ。酒泉は、かつて河西四郡と言われたところで、オアシスの一つだ。今では言い古された名称だが、発祥当時は歴史的に大きな意義があったんだ。順を追って説明しよう。

中国では、紀元前の秦や漢の時代から北方の諸民族との間に交流があった。中には中国と密接な関係を持ち衛星的な民族もあったが、モンゴルの高原に住む遊牧系民族は、北方から圧力を加え中国を侵略した。その代表が匈奴《きょうど》だ。

中国を統一した秦の始皇帝は、この匈奴を駆逐し、万里の長城を築いて北方防衛線を作った。秦が滅亡し、前漢が成立した頃、匈奴に冒頓単于《ぼくとつぜんう》という英雄が出現し、北方に強大な統一国家を作った。この遊牧民族が豊富な農作物と絹、鉄器を求めて中国に侵入したんだ。

漢の初め、高祖はこの匈奴と和議を結んだが、それは匈奴上位の和議で、和親関係が破れると攻撃してくるのはいつも匈奴のほうだったんだ。

匈奴との関係に漢が優位に立ったのは、武帝が即位（BC一四一年）してからだ。匈奴では、軍臣単于の時代だった。BC一三三年、馬邑という所に単于を誘い出し滅ぼそうとして失敗してしまった。それまでの和親関係は完全に破綻し、両国間で十年にわたる死闘が繰り返されてしまったんだ。漢の側でその前半に活躍したのが将軍衛青《えいせい》、後半はその甥の霍去病《かくきょへい》という将軍だ。数次にわたる会戦の結果、匈奴を降伏させたんだ。

漢は、甘粛から匈奴を追っ払い、その土地に武威、張掖、酒泉、敦煌の河西四郡を置き、西域地方への進出拠点とした。同時に、その頃、武帝に西域諸国へ派遣されていた張騫《ちょうけん》という人が西域の文化と汗血馬を漢にもたらした。

そんなことをきっかけとして、匈奴から奪った河西地方は東西交通の経路となったんだ。

中国からは絹織物、西域諸国からは葡萄やざくろなどの果物が交易された。これがシルクロードの始まりだ。シルクロードは、その後、西はローマまで、東は長安を経て日本の奈良まで伸びたことになる。

ところで、これだけの偉業を成し遂げた霍去病に対し、武帝から褒美の酒がはるばる届いた。しかし、全軍の兵士が飲むには足りないので、霍去病は名水が出るという井戸に酒を入れ、全員で飲んで勝利を祝ったってことだ。

酒泉公園は、中央に池がある緑豊かな公園だったな。池面に垂れる柳の枝が中国らしい雰囲気だった。池の端には、霍去病が酒を入れたという井戸があった。中をのぞいてみたが、水は底のほうにしかなかったな。木の葉が浮いてた。

霍去病が酒を入れたという井戸

涼州詞の世界

昔、酒泉には泉が三つあったそうだ。そこが水源となり、川となって農地を潤してた。当時、町の名を「金泉」といってた。その後、前号で書いたように霍去病《かくきょへい》の故事がきっかけとなって町の名が「酒泉」と変わったんだそうだ。

この酒泉の特産品に「夜光杯《やこうはい》」というのがある。町の南側に聳える祁連《きれん》山脈から取れる老山玉、新山玉、河流玉などを材料として作るんだ。色は新緑のものが一般的だが、オリーブ色、黄緑、乳白色なんてのもある。

葡萄の美酒　夜光の杯
飲まんと欲すれば　琵琶
馬上に催す
酔うて砂場に伏臥するを
君笑うこと莫《なか》れ
古来　征戦　幾人か回《かえ》る

王翰「涼州詞」

知る人も多いだろう。有名な七言絶句だ。詞の意味は大体次の通りだ。

輝く玉杯に注いだぶどう酒を飲もうとすると、タイミングよく、馬上で奏でられる美しい琵琶の音が鳴り響いた。杯を重ね、酔いつぶれて砂の上に伏し転がってしまったが、この無様な姿を笑ってくれるな。昔から、戦で敵陣に踏み入り、何人の人が無事に帰ってくることができたか。

「異郷の地で、何時果てるかもしれないこの身なんだ。せめて、今夜は酔いつぶれるまで飲ませてくれ」といったところだ。

前漢武帝の時代に、匈奴を平らげ、シルクロードが開かれた。それから九〇〇年、中国では大唐帝国が栄えた。また、西域の地には、サラセン帝国が覇を遂げてた。

この二つの国は、遠く離れてたので、戦うことなくシルクロードは交易の道として栄えた。

一方、北のモンゴルには突厥《とっけつ》が、南のチベットには吐蕃《とばん》が勢力を増し、これらとの対立が強まる中、中国は大量の軍隊をこの地に派遣することになったんだ。

こうした中、中国本土を離れ、遠い異郷のゴビの地に送られた兵士の心情を詠んだ詩が沢山作られた。

葡萄の美酒　夜光の杯で始まるこの絶句もそのひとつだ。この詞には、エキゾチックな異郷の風情がよく詠みこまれてるな。今でこそ葡萄も、玉杯も一般的だが、当時の中国にはなかったものだ。まして馬上で楽器を演奏するのは遊牧民族の風習だ。

そんな環境の中、明日はさらに辺境の西域へ、戦に赴《おもむ》かんとする兵士の寂しさ心細さが察せられるな。故郷に残してきた妻や子、親兄弟のことを思うと、やるせない悲壮感が漂ってるな。玉杯の色はいろいろあると書いたが、この詞にマッチするのは、黒に近い深緑の杯だろうな。そこに真っ赤な葡萄酒を注ぎ、月光にかざした時の美しさは想像を絶するな。

夜光杯を作ってる工場を見学した。原石から掘り起こし、形を整え、磨かれて製品になるまでの過程を見たんだ。その見事なできばえの玉杯が三階の売り場に大量に展示されてた。ここでしか買えないと思って、二つで一組のものを数個買った。

夜光の杯

嘉峪関「魏晋墓」を見学

次は嘉峪関へ行くのであるが、その手前二〇km東のゴビの中に、三世紀以降に造られた魏晋墓と呼ばれる墓がある。その数、一、三〇〇以上といわれてるんだが、そのうち発掘されたのは十三しかないいんだな。この墓の発見は、中国美術史上空白になっていた漢代と晋代を埋めると同時に、魏晋時代のこの地方の諸民族の生活、文化を知る上で、貴重な歴史的資料となってるんだ。

バスは魏晋磚壁画博物館という建物の前で止まった。見渡す限りゴビの原だった。遠くの方に、こんもりした土の塊があった。そこまで歩いていってみるとそれが墓だった。こうした墓が十三km²の区域に配置されてるんだが、町場はいったいどこにあったんだろうか? 入口から地中に向けて階段が続いてた。緊張しながら狭い通路を降りたんだ。

四世紀から五世紀にかけての東晋、五胡十六国時代の中原の地は戦乱に明け暮れた。しかし、河西回廊は安定してたんだ。そこに独特の文化が発展した。それは墓が発掘されて分かった。墓の中からは、多数の壁画や壁画磚(絵が描かれた煉瓦)が発見されたからだ。現地では地下の画廊と言ってる。今でも色彩は鮮やかで内容も豊富なんだ。そして、煉瓦ごとに一つ一つのシーンが描かれてる。

壁画には、墓主の生活の様子や農牧業の様子が描かれてた。「牽駝」と題された絵は、駱駝が砂漠の船としてこの地で生活に密着してたことを表してる。「牽牛」は牛を農地へ連れてく様子。「耕地」は牛を使って農地を耕してるところ。「採桑」は、桑の葉を摘むところ。「狩猟」は馬に乗って獲物を追ってるところ。「殺猪」は豚を屠殺してるところ。「進餐」は晩餐を進めてるところ。「奏楽」は弦楽器や笛を演奏してるところ。（楽隊の絵は、西涼音楽の形式を知る始めての資料となった。）そして、各地との通信手段として「駅伝」もあったんだ。

素朴な独特のタッチで柔らかい線の絵からは、ほのぼのとした暖かさを感じたな。そこから、当時この地方が平和であったことがうかがわれる。

桑の木や桑摘みの場面が多く描かれてるが、これは当時の河西回廊がシルク産業の中心地であった証拠であり、シルクロードに似つかわしい絵だな。絵の中の生活様式や習俗は、漢民族のものが主となってるが、描かれてる人物の中には西域の人々やそのほかの少数民族もいる。当時、この地方では、諸民族が文化交流を通して平和に生活してたってことだ。漢民族の進んだ文化が、全体をリードしてたわけだ。漢代古墓の伝統を受け継いだ画風は、敦煌の壁画へと続くものだ。

地下墓の一角に売店があった。売店といっても畳三畳ほどのちっぽけなものだった。おいてあったのは、磚画のミニチュアや絵葉書程度のものだったな。

魏晋墓入口の小屋（中は撮影禁止となっている）

嘉峪関を見学

バスで魏晋墓を十六時五十分に出発、十七時二十分に嘉峪関に到着。まだ日は高い。わが国の時間にすると十五時ごろではないかと思われるな。駐車場から城門までは暫らく歩くことになるんだ。でっかい池の縁を歩いた。池の向こう側には綺麗な東屋があった。さらに遠くのほうには竜首山と馬鬃山《ばそうざん》の山並みが見える。三十分くらい歩いて城門に着いた。城門をくぐり、楊柳の並木の下を通って進むと立派な楼閣が出てきた。関城は高さ一〇mの城壁で囲まれてたな。壁の長さは周囲七〇〇m以上、その内側の面積は三、五〇〇㎡もあるんだ。

東西両面に向かい合って城門がある。城壁の上には、高さ一七m、三層の城楼があって、回廊でつながってるんだ。そして、城壁の四隅には角楼がある。

城壁の一角に敵楼というのがあった。ここでは入城してきた敵を撃つらしいな。そこには弓矢が置いてあった。はるか下の中庭には、わら人形が二体置かれてた。それを狙って矢を放つってことだ。有料だ。ためしに射ってみた。一本もあたらなかった。

城の中には、広場につながる廊下があった。兵士が集まったり、配置に着いたりするときに使ったんだろう。城壁の上の回廊を巡ってみた。晴れてはいるが風が強い。遠くに鉄道が通ってる。関城を中心にして長城が左右に延びているのが分かるんだ。その一方は竜首山の方へ、もう一方は反対側祁連山脈の方へ延びてるんだ。つまり、ここは地勢が険しく両方から山が迫っている軍事上の要衝なんだ。

この嘉峪関は万里の長城の西端にあって、中国の明代、洪武帝の時代（一三七二年）に河西地方を平定した時に造られたんだ。当時は北辺の前線基地として軍隊が常駐してたんだが、今では住む人は誰もいないんだな。つわものどもが夢の跡、侘しい限りだ。

この嘉峪関は、工匠が極めて正確に計算して造ったので、竣工後に磚（せん＝れんが）がたった一枚残っただけだといわれてる。その磚は今もなお西門の門楼背後の軒の上に保存されてるってことだ。

その後、清代には文昌閣、関帝廟、戯楼、遊撃衛門府などが建立されたんだ。最近でも何回も補修されてるってことだ。

それにしても、中国ってとこはとてつもない息の長いことをするもんだな。万里の長城は紀元前三世紀の秦の始皇帝の時代に作られ始めたんだ。以来、今日まで為政者が変わろうと、時代が変わろうと築造し続けてるんだからな。万里の長城だけではない。各種千仏洞にしてもそうだ。何世紀にも渡って継続的に造営されてるんだ。我々日本人の感覚では理解を超えるところだな。

シルクロードの旅

嘉峪関

またまたゴビを走る

嘉峪関見学の後、夜光杯製造工場によって、長城賓館というホテルに着いたのは夜の八時ごろだった。この旅行は強行軍だな。

長城賓館は、嘉峪関城を真似た造りになってたな。陸屋根には城楼があった。フロントまでのアプローチは、丸い朱塗りの太い柱に緑色の梁。梁には金色の竜があしらってあった。建物の壁面には天山山脈の絵が描いてあったりして、全体としてシルクロードの雰囲気がよく出てたな。

次の朝、ホテルの周りを散歩してみた。ホテルの前はだだっ広い道路だ。中央に片側二車線の車道があり、その両側は並木道を挟んで車道と同じくらいの幅員の歩道になってるんだ。車両の通行は少なかったが自転車や人の通りは多かったな。

九時、次の目的地である楡林窟《ゆりんくつ》へ向けて出発した。玉門市から安西《アンシー》を経て行くんだ。

ガイドは「今日の行程は道が悪いし、途中道路の工事箇所も何箇所かあります。四〇〇km以上バスに乗る予定です」とこともなげに言うんだな。バスはゴビ地帯を疾走した。両側遠くに山脈が見えるだけで、殺風景この上ない。道路は３１２号線。十時丁度に、上海から三、〇〇〇kmと書いた石の建植標識のそばを通過した。日本列島を縦断する距離だ。随分遠くまで来たもんだ。ガイドはのべつ幕なしにしゃべってる。「これから先へ行くと、食べ物はシシカバブー（串刺しの焼き鳥）、シャブシャブ、焼き肉が主な食べ物になります。云々…」。程なくオアシスが見えてきた。大きな木が群生してたが一分もしないうちに通り過ぎてしまったな。

再びゴビに入った。暫らく走ると「低窩鎮稽査大隊」という看板を掲げた建物の前でバスは止まった。運転手はバスを降りて、なにやら検査を受けてるようだった。ガイドに聞いたら運転免許証の検査だといった。無免許で運転するのがいるらしい。

また、ゴビに入った。長～い貨車が通った。この鉄道は、ほぼ河西回廊に沿って走ってるんだ。次には、一面夥しい数の風車の群れが一行を迎えた。見る角度によって、幾何学的に整然と並んでるんだな。しばらく行くと、またオアシスが出てきた。玉門市だ。楡の樹林帯だ。道路が広く大きな街に見えたが、ここも二分くらいで通過して、またゴビになった。

ゴビとオアシスの繰り返しで、しかもゴビのほうが圧倒的に長い。こんな旅程では昔の旅人はうんざりしただろうな。「蜃気楼です」突然ガイドは言った。ガイドの指差す方を見ると、遠くの方に白い低層の横に長い建物みたいなものが見えた。「へェーこれが蜃気楼か、だけどはっきり輪郭がわからないんだな」。普通、我輩の感覚で言うと、蜃気楼ってのはオアシスとか湖だと思ってたな。

突然、道路の前面が工事区間に入った。バスはアスファルト道路をはずれ、ゴビの中を大きくローリングしながら走った。元の道に戻ったときには、手にべっとり汗をかいてたな。

免許証の検査を受ける

平沙万里　人煙を絶つ

元の道路に戻っても、新しい別のものが見えてくるわけではないな。相変わらず果てしないゴビが続いてるだけだ。最初は珍しくても、こうも長時間、ゴビだらけの空漠とした世界に閉じ込められるとやんなっちゃうな。

前にも書いたが、ゴビというのは、砂漠の種類のひとつだ。砂だけの砂漠は容易に想像できるだろう。ゴビというのは、砂利と砂が混じった土地を言うんだ。海辺の河口なんかでよく見るじゃないか。あんな土地がとてつもなく広がってるんだ。わが国の地図帳では「ゴビ砂漠」なんて書いてあるからそれが固有名詞のように感じられるけど、そうじゃないな。だから、「ゴビ灘」って表記すべきだな。

バスに乗ってるからいいけれど、こんなところを歩いたんでは気が遠くなってしまうな。何しろ、多少の起伏はあるにしても、ゴビの広がりだけで後は何にもないんだ。

これも前に引き合いに出したが、六朝時代の僧法顕が、「上に飛鳥なく、下に走獣なし」と書いた情景が目の前に広がってるんだ。

その情景を詠んだ名詩があるから紹介しておこう。唐時代の岑参《しんじん》という人が作った詩だ。

「磧《せき》中の作」

馬を走らせて西来し　天に到らんと欲す
家を辞してより月の　両回円かなるを見る
今夜は知らず　何れの処にか宿するを
平沙万里　人煙を絶つ

磧とは砂漠のことだ。

第一句は、馬を走らせて、遥か遠いゴビの地平線を目指して行くと、行きつく果ては天に到るかと思う。何第二句は、家に別れを告げてから二ヶ月が経った。（満月を二回見た。）

第三句は、今夜は一体どこで泊まれるのか？そして、行けども行けども砂漠が続くばかりで、見渡す限り人が住んで煙が立ち上がる気配はまったくない、と結んでる。

岑参は、盛唐の詩人で杜甫や王維らと親しかった人だ。その二人と違うのは、かなり長い期間、辺境の地で過ごした経験があることだ。この詩はその実体験から作られたものだからゴビの実感が伝わってくる名作とされてるんだ。こんな環境の中にいると、蜃気楼でも見えたら飛び付きたくなるだろうな。

今は時代が違う。道路の右手に道に沿って鉄道がまっすぐに延びてる。敦煌からずっと先のほうまで行ってるんだろうな。

路肩のところどころではハミ瓜を売ってたな。道路には投げ捨てられた果物の皮が散乱してた。ガイドが言った。ここは瓜の産地ですと。さらにしゃれを言った。「瓜売りが、瓜売り残し、瓜売り売り歩く瓜売りの声」って。

果てしなく広がるゴビ灘

楡林窟へ

十三時、瓜州賓館って言うホテルに着いた。外国人（主に日本人）を迎えるホテルだが余りよくなかったな。二つ星のホテルだ。部屋の鍵は渡してくれなかったな。各階に係の女性がいて開閉してくれる仕組みになってるんだ。だから彼女たちは二十四時間勤務だ。さらに、ホテルではお金の両替ができなかったな。ここの町の銀行でもダメらしい。人口二万人の片田舎では仕方ないな。

ホテルで昼飯を摂って、十四時過ぎ楡林窟《ゆりんくつ》へ向けて出発した。現地まで七五km、二時間かかる。中国の車のスピードからしたら倍の時間がかかる。それは、道中半分が悪路だからだ。

安西は風の強いところだ。ユーラシア大陸の風がここに吹き寄せられてくる感じがするな。道路から見えるのは禿山ばかりだ。ここには何もない。オアシスが点在するだけだ。「大漠風情」って書いた看板があったが、なるほど周囲の環境を言いえてると思ったな。やはり生き物は海辺に多く棲んでるんだな。

浪柴溝というところに朽ちた古城があった。唐代の城跡だってことだ。さらに二～三分進むと小さい集落があった。あとはまたゴビの連続だ。途中、工事中のところに出くわした。道路の中央に土が盛られてるんだ。やむなく道路わきにそれようとしたら、対向から乗用車が来て「ダメだ、そっちも通れないから戻ってきたんだ」といったので、元の道に戻ってそっと走ったんだ。心配することなくバスの腹はこすらなかったな。

そうこうしているうちに十五時四十分、楡林窟に着いた。名前のとおり開削当時は楡の林の中にあったんだろうな。今は写真のとおりまばらだ。この窟は唐代の開削と考えられてるんだ。龕窟《がんくつ》は川の両岸の崖に掘られていて東岸には三〇窟、西岸には十一窟が残ってる。そこに延べ一、〇〇〇㎡の壁画と、一〇〇体あまりの彩色塑像があるんだ。そこに描かれた千仏、飛天を中心とした仏教世界はさまざまな表現に富んでいて、ここが別名、万仏峡と呼ばれる元になってるんだ。中でも、第二五窟の西方浄土・弥勒浄土の図は唐代壁画の一品とされてる。

時代により、そこに描かれる仏教壁画にも変化が見られるんだ。五代以降になると様式も異なり、現実生活を反映する耕作・収穫・嫁入り・舞楽・宴会・酒造・製鉄の図なんかが描かれるようになったんだ。

西夏の時代には、「唐僧取教」と題して玄奘がインドから仏典を持ち帰った図が描かれた。これは孫悟空が猿として登場する最初の図だ。これは「西遊記」が書かれるに先立つこと三〇〇年前のことだ。

楡林窟は、壁画の形式・題材などから莫高窟と密接な関係にあり、敦煌の石窟芸術の一部と考えられてるんだな。

楡林窟

猛女の毒気にあたる

楡林窟の見学を終え、敦煌へ向かった。ゴビ地帯を抜け、しばらく走って敦煌の町へ着いた。ロータリーに聳える、反弾で琵琶を奏でる飛天の像は敦煌のシンボルだ。

「敦煌」といえば、中国の観光地として今でこそ有名だが、一時期歴史の中に埋もれてて、再び世に出たのは高々一〇〇年程前のことなんだな。今では敦煌の莫高窟は世界遺産に登録されてるんだ。

この地が漢民族の支配下に入ったのは、今から二、一〇〇年程前の前漢「武帝」の時だ。当時、この地は外民族の「匈奴」の支配下にあった。武帝は、河西回廊の沖積地を平定し、開拓して、これまで述べてきた武威、張掖、酒泉、敦煌のオアシス都市を創ってきたんだ。これが河西四郡だ。

敦煌はそれ以後、西域の玄関口として栄えた。敦煌を通じて交易が行われ、東西文化の交流も行われたんだ。文化交流の中でも重要なのは仏教の伝来だ。

二世紀の中ごろになると西方から翻訳僧がインドの仏典をもって続々と到来し、経典を漢語に翻訳して長安や洛陽の都へ持ち込んだんだ。このようにして「敦煌」は仏教の中心地として栄えた。その後、北魏、西魏、北周、隋、唐、五代、宋、西夏、元と十世紀に渡って仏教文化の華を咲かせるんだが、明の時代になってトルファンに支配されるようになってから、明は敦煌を見捨ててしまうんだ。歴史の舞台から消えてしまった敦煌が再び日の目を見るようになったのは、清朝末期、一九〇〇年に莫高窟の第一六窟から「敦煌文書」が発見されてからだ。なぜここに五万巻にも及ぶ仏教経典が隠されていたのか謎が謎を呼んだ。

井上靖はこの謎を推理して「敦煌」という名作を書いたんだ。時代は西夏、西夏の侵攻を受けた敦煌の僧侶たちが仏教経典を守ろうとその前夜に、第一六窟に封じ込めたんだという風に推理して書いた小説だ。

この小説は、中国で映画化された。そのときセットに使われた敦煌の街並みがあるというので見に行った。そこは、宋の時代の敦煌の街並みとして作られてる。「沙州」と横書きされた石壁のところから城内（街の中）に入った。粗末な土造りの平屋が並んでたな。井上靖の小説の場面場面を街並みの中に探しながら歩いた。番所、住居と馬小屋、商店、茶店等々、乏しい想像力を働かせながら小説の世界に没頭した。

その時だった。突然ドスの効いた女のだみ声が当たりに響き渡った。ぎょっとしてその方を見ると、太った大柄の若い女が、男に食って掛かってるんだ。女は四川省から来た旅行客で、男は旅行社の社員だ。旅行案内書には、「敦煌古城」となってるのに、来てみたら「沙州古城」となってる。話が違う、旅行代金を返せといって口角泡を飛ばしてがなりたててるんだ。社員が時代によって呼び方が違うんだ、といくら説明しても理解しなかったな。その後どうなったのかはわからない。

安岡正篤氏の著書に、息の毒素という記述があるので紹介しておく。

「液体空気（圧力を緩《ゆる》めて蒸発させると零下二一七度まで下がる）で冷却したガラス管の中に息を吐き込むと、息の中の揮発性《きはっせい》物質が固まって無色に近い液体になり、その人が怒っていると、数分後に栗色の滓《かす》が残る。この滓を天竺鼠《てんじくねずみ》に注射すると、たちまち神経過敏になり、激しい嫌悪の情に駆られている人物の呼吸滓ならば、数分で死んでしまう。一時間の嫌悪は八十人を殺すに足る毒素を出し、この毒素は、従来の科学で判明している最強の猛毒で、これが体内に鬱積《うっせき》して、結局、悪感情はその人自身を自殺に導くものであるといいます。」

映画「敦煌」の撮影所

敦煌《とんこう》に到着

バスに三十分位乗って街に着いた。敦煌賓館ってホテルで晩めしだ。割といいホテルだったな。外観もいいし、食堂の調度品も垢抜けてた。ただ、料理は中華じゃなかった。出されたのは、鯉は普通だが、他は大ナツメの甘露煮、鳥骨鶏のスープ、シシカバブーといって、羊の肉片を串刺しにして焼いたやつ。これは日本の焼きとりだ。塩、粉とうがらし、ズーラン（砂漠で採れる草の実）なんかを振りかけて食うんだ。けっこういけるぞ。だけど、何より変わってるのは、ラクダの蹄の肉だ。こんなのは、ここでなくちゃ食えないな。

ラクダの肉も丸焼きにするんだ。あの図体のでかい奴を、鶏や豚なんかと同じように串刺しにして、火の上で回しながら長時間かけて焼くそうだ。そんなところを見ちゃったら食えそうもないな。

食後は、連れ立って夜の街へ繰り出した。テントの中で、シシカバブーを焼いてた。橙色の裸電球の下で、カウンターに囲まれたその中で焼いてた。一〇人も入れば満席だ。コックは白いガウンを着、白い帽子を被ってた。イスラム教徒のウイグル人だ。客は笑顔で皆明るかった。こんな所へ集まるのが大きな楽しみなのかもしれないな。晩めしを食ったばかりなのに雰囲気に釣られて、買って食ってみた。旨かったな。

さて、明日から見学に出かける敦煌の町について概要を話しておこう。先に言ったが、ここは今から二、〇〇〇年以上も前に、前漢の武帝が西域経営の拠点としたところだ。ここから、中央アジア、西アジアへ向けてのシルクロードの出発点となってるんだ。仏教は、この敦煌から中国へ入って行った。仏教都市として栄えたんだ。多くの名僧がこの地を経て行き交った。外国の僧は、敦煌を通って中原へ深く入り込み、中国の僧は、ここを経てインドへ向かったんだ。

　そうした中で、有名な僧を挙げると、仏図澄、曇無讖、鳩摩羅什、竺法護、法顕なんかがいる。「大唐西域記」を書いた三蔵法師（玄奘）もここを通って天竺へ向かったのは知ってるだろう。

　そして、莫高窟をはじめ、数々の仏教芸術が、ここできらびやかに花開いたんだ。仏教都市といわれる所以だ。しかし、それも唐代までのことで、今は、それまで長年積み重ねられた歴史を見ているってわけだ。

　さて、写真はよく見る敦煌を表徴する主窟だ。これは初唐のころ、則天武后が造り、改造を経て今日に至ったものだ。彼女は仏教への信仰が厚かった人だ。この九層からなる建物の中には、北大仏と呼ばれる巨大な弥勒菩薩の坐像が安置されてるんだ。下から見上げても両目と鼻、口だけが強調されて見えるだけだ。

絶壁に立つ莫高窟

莫高窟《ばっこうくつ》は仏教芸術の展覧会場

早すぎる朝めしを食って、ホテルを出発したんだ。莫高窟に通じる道路は、まだゲートが開いてなかったな。TD曰く「何故こんなに早く来たかというと、一番乗りすれば他の観光客よりもゆっくり見学できるから」なんだって。

仰せの通りで、何につけても条件がよかったな。まず、ガイドだが、莫高窟で一番上役の女性で、日本語もうまい楊さんという人が案内してくれた。一番偉いだけでなく、知識も豊富だったな。

次に我輩一行は、先頭を切って見学出来た。狭い所を通ったりするから、先がつかえず楽だったな。我がTDの経験のお陰だ。

さて、莫高窟だが、これは鳴沙山の東端の崖に掘られた四層の石窟群のことを言うんだ。長さは南北方向に一・六㎞、窟の数は一、〇〇〇以上もある。だから千仏洞とも呼ばれてる。その内発掘済のものは四九二窟だ。そこに二、二〇〇余りの塑像と、述べ四万五、〇〇〇㎡に及ぶ壁画があるんだ。

敦煌芸術は、インドのガンダーラ仏教芸術と中国固有の民族芸術が融合したものだ。その優れた壁画を並べると三〇㎞にもなるってことだ。正に世界最大の画廊っていえるな。

この莫高窟の始まりは、四世紀だ。三六六年に楽僔和尚がこの地へ来て、東にある金色に輝く三危山を眺め、その光の中に何千もの仏の姿を見たような気がして、ここを聖地と決め、崖に石窟を掘って住みつき修業をしたことに始まるってことだ。それから十四世紀の元代まで掘り続けられたんだ。

窟見学は案内人に従って行く。写真撮影は禁止だ。だから、カメラは入口に預けなくちゃいけない。窟の中は暗いから懐中電灯を貸してくれるんだ。うす暗い中で仏像を見ると、ギョッとするな。壁面や天井には、いろんな仏画が描かれてる。それらは、「形象化された百科事典」と言われてる。

つまり、仏教に興味ある人には、釈迦の前世の物語りである「本生譚」はじめ、いろんな仏教故事を見ることができるし、美術家には、西域と中国の伝統が融合した独特の画風を見ることができるんだ。

そのほか、歴史家、音楽家、舞踊家など、専門に応じて資料はぎっしり詰まってる。写真に撮れなかったけど、第一五八窟の釈迦涅槃像は上品で美しかったな。上海の玉仏寺で見た玉仏座像と甲乙つけがたい気品を感じた。作者に会ってみたい気がした。

飛天の壁画もきれいだった。日本のお寺でも見られるし、羽衣伝説にも出てくる天女だ。その起源はインドで、梵語ではガンダーラって言う。飛天は「香音神」とも言い、仏教界では地位の低い供養菩薩だが、自由に空を飛び、香華を降らし、音楽を奏で、舞踊もする浄土の天女なんだ。半分以上の洞窟に描かれてる。

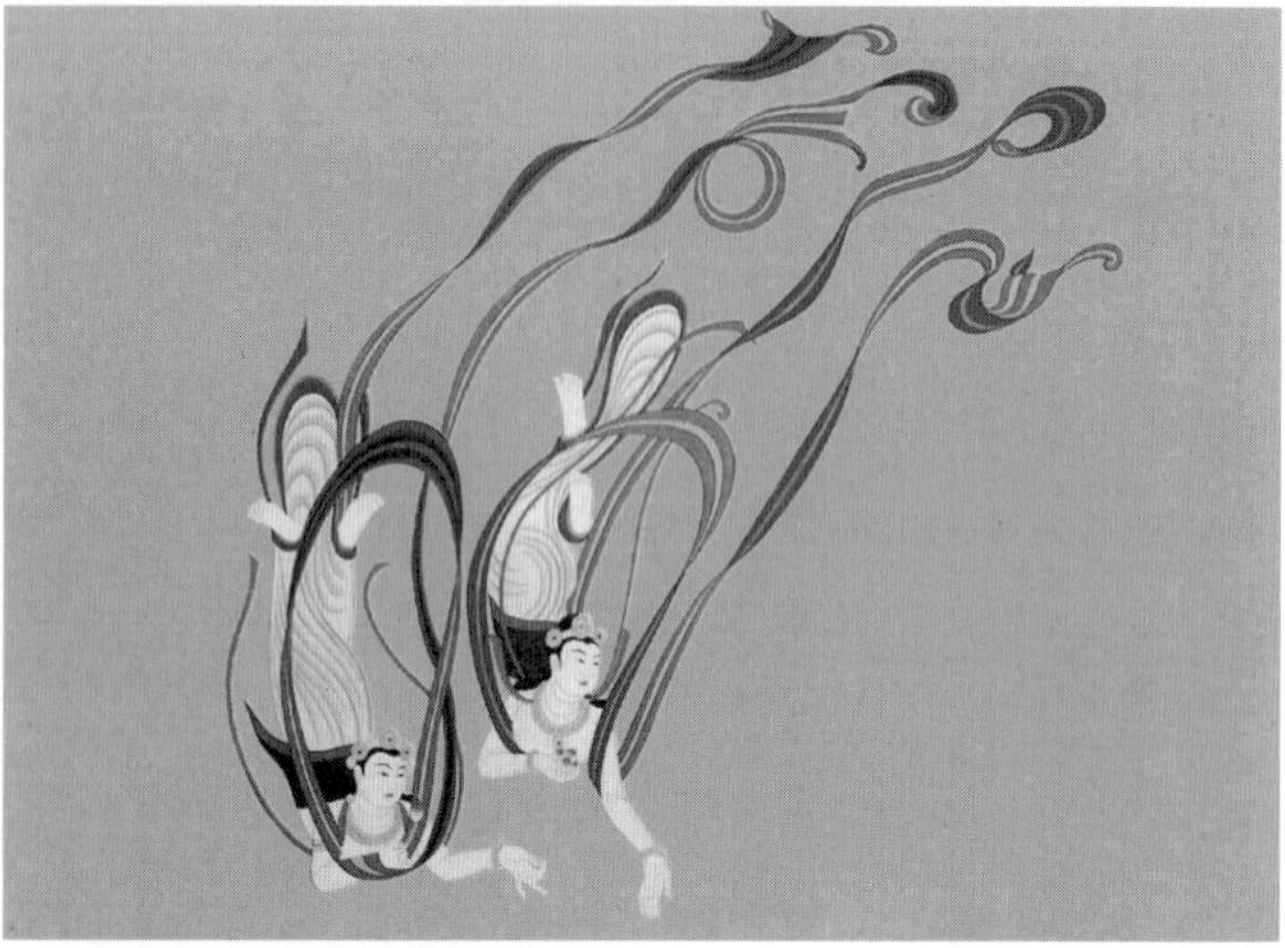

飛天（莫高窟321窟）甘粛文化出版社発行より

歴史的大発見

さて、この敦煌で一〇〇〇年程前に歴史的大発見があったんだ。清朝末期の一九〇〇年五月二十六日のことだ。第一六窟と一七窟を繋ぐ通路の壁の内側から、おびただしい数の仏教経典や仏像をはじめ数万巻の敦煌文書が発見されたんだ。敦煌文書は、自然科学から社会科学にわたる広範なものだ。それは、軍事、歴史、地理、宗教芸術、文学、音楽、舞踊、書道、建築、体育、医学、科学技術、交通に関する学問書や内外貿易、文化交流に至るまで、あらゆる分野にわたってるんだ。しかも、使われている言語は、漢語のほか、チベット語、梵語、ウイグル語、于闐語、亀茲語など周辺諸国のものも含まれてる。

中国では、これを「世にも稀な人類の文化遺産」といって自慢してるんだ。

発見のいきさつはこうだ。清朝末期になると、栄華を誇った敦煌の街は寂れ、莫高窟も仏教石窟寺院も荒れ果ててしまった。そこに、流れ者の王円籙《おうえんろく》という道士が住みついたんだ。

彼は、ここで道教を修行し、荒れ果てた石窟の補修をしたりして日を過ごした。そんなある日、先に話した通路の一部が空洞になってるんじゃないかと思ったらしい。そこで、その部分を壊してみると、中に三m立方位の石室があったんだ。そこには古文書がびっしり詰まってたってわけだ。

何時、何の目的で隠したのかはいまだに謎だ。ただ、十一世紀頃、敦煌の近辺では西夏が国勢を盛り上げ、脅威的存在になってた。その西夏の手から、文物を護るための措置だったというのが定説だ。

井上靖は、この辺を推理し、「敦煌」という小説を書いたんだ。趙行徳なる主人公を設定し、歴史上実在する人物を絡ませ、写経類が匿われるまでの成り行きを推理してる。西夏の進攻により、落城寸前の敦煌の寺院から経典類を運び出し、石窟に埋め込んだことになってる。

王円籙は、敦煌県の役所に届けたが、見向きもされず放置されてしまったんだ。だが、この歴史的大発見は世界に広がり、当時の列強国が次々敦煌を訪れた。もちろん、我国も加わった。

かくして、一番乗りしたのが英国のスタインだ。王円籙とかけひきの末、いや、むしろ言葉巧みに彼を騙し、莫大な量の敦煌文書を持ち帰ってしまったんだ。それらの文書類は、現在、大英図書館にある。

その結果、王円籙は「敦煌を売った男」と評せられ、スタインは、西欧では「比類なき探検家」、中国では「憎むべき略奪者」と評せられてる。だが、最近では、敦煌文書は不完全なものがおおく、練習帳のような屑も多いってことが分かってきた。また、西夏も仏教国であったから、経典を隠す必要はなかったはずであり、むしろ、西夏が敦煌を経営する中、不要になった仏典や公文書を処分したのではなかったのかという説が有力になってきてるってことだ。

反禅の琵琶

月の砂漠（鳴沙山）を見学

敦煌の名所に鳴沙山がある。南へ五km位行くと、道の両側に背の高いポプラ並木があり、その間から砂の山が見えてきた。鳴沙山だ。我国では、見たこともない風景にドキドキしたな。そばまで行ってみたら、先ず外側の門があった。そしてその一〇〇mもしない所に内側の門があり、門の裏側はコンクリートの高くて厚い塀になってたな。幅二m位の入口の内側にある景色は砂の山だけで、全く別世界だ。それにしても夥しい量の砂だったな。

鳴沙山は、東西四〇km、南北二〇kmあって、見た目の高さは五、六〇m位だ。東の端に莫高窟がある。三日月型の砂丘の連なりは、金色の竜が群をなしているようで、緑のオアシスと照り映えながら、見事な対比を成してるそうだ。

砂丘の麓までは、ラクダに乗って行くんだ。しゃがんでるラクダにおっかなびっくりしながら乗った。一歩一歩静かに、力強い歩き方だったな。麓から砂山に登ってみた。一歩登ると半歩下るって感じだ。ふんわりと柔らかい。素足だと砂の暖かさが伝わってきて気持ちいいな。降りる時は何ら力を入れる必要もない。雲に乗ってるような感じだったな。

ここの砂は摩擦によって鳴る。だから鳴沙山と名付けられたんだ。その現象を砂山の〝神〟と表現してる。中国の観光案内書によると、次のように説明してる。「最近の端午の節句の時、数百人が山の頂上から一斉に滑り降りたら、遠くからも近くからも、あたり一面に音が響き渡った。その音色は、金鼓を叩くようでもあり、春雷のようでもあり、飛行機のエンジン音のようでもあった」と。

また、鳴沙山の麓には、三日月の形をした、「月牙泉」という池があるんだ。こっちは、砂山の〝奇〟と呼ばれてる。砂漠の中にあってその水は干上がらない不思議な池なんだ。

そのわけは、この場所だけが、風がぐるぐる回っていて砂が積らないからだ。池の水が干上がらないのは祁連山の雪水が源泉だからだ。砂山と池がきれいに映えあっているから、この二つは「仲の良い恋人のようだ」と言われてるんだな。

そこで、夜の景色はどんなものかと想像してみた。白々とした砂の山脈が、美しい波紋を画くように広がってる。中天で冴えわたる月が、月牙泉に冷たい影を落してる。時折起こる風に吹かれて、砂が鳴いてる。誰も居ない神々しい静寂な世界だ。そうか、ここは神聖な場所なんだ。ふと、高校時代の同級生でお茶の先生が居たのを思い出して電話をかけてみた。

お茶の世界では、「結界」というのを作るが、どういう意味があるのかと。彼女は答えてくれた。細い竹などを置いて、結界を作る。外側と内側というわけだが、内側を神聖な場所として、そこでお茶を点てるんだと。

なるほど、鳴沙山の入口の門も同じような意味なんだな。

ラクダに乗って鳴沙山に向かう

葡萄の産地トルファンへ

敦煌、敦煌と来る前には大げさな期待をしていたんだが、いざ来てみると、見る所も少なかったし、期待はずれだったたな。時間が少なかったせいもあったが、肝心の石窟群の中は写真撮影が禁止だったから、あとから思い返すにも資料がなかったせいでもある。せめて写真集でもと思って買ってはみたものの、自分で撮ったものじゃないから、いまいち、ぴんとくるものがないんだな。

何となくすっきりしない気分で次の目的地へ向かうことになった。バスで敦煌の中心街へさしかかったら、ロータリーの真中にでっかい円い花壇があったんだ。その中心に、敦煌のシンボルである反弾の琵琶を弾く伎楽天の大理石像が一〇m位の高さで聳えてた。見事なものだったな。

反弾というのは、楽器の琵琶を背負って、そこに手を回して弾くことを言うんだ。それにしてもそんな格好でよく弾けるもんだな。せめて、敦煌の見納めにと目に焼きつけておいた。機会があったらまた来てみたいな。序でながら、伎楽天のミニチュアは買ってきた。

敦煌のちっちゃい空港から、これまたちっちゃい鄯善《シェンシェン》の空港へ着いた。軍用空港のようだった。夕方六時頃だったが、日はまだ高かった。時差の関係もあるんだろうな。ここは、新疆ウイグル自治区だ。中国最大の省クラスの行政区で、全国面積の六分の一を占めてる。周辺は、五つの国と接し、国境線は五、七〇〇kmに及んでる。ユーラシア大陸の中央部にあって、地理は実に表情に富んでいるんだ。北から、アルタイ山脈、ジュンガル盆地、天山山脈、タリム盆地、崑崙山脈と続いてる。万年雪を抱く高峰から海抜以下の盆地、淡水湖に塩湖、砂漠にオアシス、内陸川、季節川、伏流川と地貌はさまざまだ。気候は酷熱から酷寒まである。

民族は、ウイグル族を中心に、漢族、カザフ族、回族、蒙古族、キルギス族など一、三〇〇万人が住んでる。中国の五五民族のうち四七民族が住んでるというからすごいもんだな。宗教は回教徒が多い。

この鄯善は、瓜の産地だ。ここから東の方にハミという町があり、ハミ瓜で有名だが、実際は鄯善が主な産地だってことだ。この辺一帯は漢の時代には、鄯善国といった。漢王朝は、鄯善国を支配下に置くために、ここに屯田地を設けたんだ。ここから葡萄の産地トルファンまではバスで行く。両側に低層の建物が並んでた。途道路はだだっぴろくて侘しい感じだったな。途中のレストランでトイレ休憩をとった。西游酒家と書いてあった。そうか、ここは孫悟空が活躍した所なんだ。バスはやがて火焔山の傍を通った。いずれ後述することになるだろう。夜七時半、トルファンの緑州賓館に到着した。

緑州賓館フロント

火の国トルファン

トルファン（吐魯番）について少し話そう。トルファンの歴史は古いぞ。今から二、二〇〇年前、前漢が高昌壁という所に屯田兵を送り、官職を置いたことに始まってるんだ。

唐代には、西州と呼ばれ、元、明の時代には火州といわれた。そして、清代に入ってから「吐魯番直隷庁」が置かれて今の名前になった。その間の長い時期、シルクロードの要衝として栄えたんだ。つまり、古代の新疆地区の政治、経済、文化の中心だったんだ。

トルファンは盆地だ。面積は一万三〇〇〇㎢というから、千葉県の丁度二倍あることになるな。周囲は高い山に囲まれている。中国で一番低い土地だ。盆地内にあるアイディン湖の湖面は、海面より一五四ｍも低い。トルファンとは、ウイグル語で、「低地」という意味なんだ。

鉄道の駅はあるんだが、街中にはない。車で四、五〇分離れた盆地の上の縁にあるんだ。街中にあると汽車が登れなくなってしまうからだとガイドは説明したな。

トルファンは中国で最も暑い地方だ。気温が四〇度を超える日が四〇日以上も続くってことだ。最高は四九・六度を記録した。地表温度が八二・三度になったこともあるそうだ。空気は乾燥してるから、こんな日は一日中サウナ風呂の中にいるようなもんだ。

こんな気候を、治療にも活用してる。つまり、熱い砂の中に身体を埋めて、熱砂療法ってわけだ。関節炎や皮膚病に利くそうだ。何しろ、暑くて汗も出ないなんて逆説めいたことも言われてるんだ。それは、汗になって流れ出る前に蒸発してしまうからだそうだ。正に火の国（火州）だな。

住宅は、粘土質の土で造り、半地下式のものが多かったな。暑さを凌ぐ為だ。また、年間降水量は一六㎜以下で、蒸発量は、三、〇〇〇㎜以上というから、極端に乾燥してるんだ。だけど、水を確保する方法はある。それは後で話す。

晩めしが終わったあと、連れ立って夜市を見に行った。広場の中にいろんな店があった。食い物屋がほとんどで全部野外料理店だ。街灯の明りと裸電球だけが頼りだから、薄暗い中で幻想的な感じだったな。縁なしの白い帽子を被ったウイグル人が、イスラム料理を調理してた。店毎に単品料理が多かった。中華風の餃子のようなのもあったが、肉料理が主だ。

ここでの名物は、シシカバブーといって、羊の肉片を串に刺して焼いたものだ。我国の焼き鳥の大串といったところだ。ハミ瓜を売ってる店があった。一個買ってその場で切ってもらったところ、右から左から手が出て、たちまち無くなってしまった。どうしたわけか、買主の口には入らなかったんだな。

夜市は珍しい光景だった。珍しいといえば、トルファンに着陸する直前にも奇妙な光景を見たんだ。地表に人間が入れる位の穴が二〇～三〇m位の間隔で蟹の穴のように並んでた。あれは一体何だったんだろうな。

トルファンの夜市

風化した古都

トルファンは、二、〇〇〇年以上の歴史がある。その間にいくつもの小国が勃興しては、歴史の中に埋れていったんだ。今、遺跡として残っている二つの故城を紹介しよう。

トルファンの西、一〇㎞の所に、交河故城というのがある。二つの河の間にあるから、ついた名前だ。長さ一、六五〇m、幅三〇〇mほどの木の葉の形をした台地の上が城の区域だ。周囲は、河の水に削られて三〇mの断崖になってる。つまり、自然の要塞になってるんだ。

紀元前二世紀に建てられた。建物は土を突き固めたものか日干し煉瓦を使ってる。真ん中に大通りが一本通ってて、城の端にはお寺がある。二、三〇〇年前の車師国の都として栄えた所だ。唐の時代には安西都護府の直轄地として西州交河県が置かれたが、元の時代に廃止され、その後は廃墟となったんだ。行ってみると、でっかい土の塊や、壁面が続いてて、人っ子一人いないし、無味乾燥の世界だった。ただ、建物の保存状態は良い方だそうだから、今後の研究で何か発見があるかもしれないな。

次は高昌故城だ。ここは賑やかだったな。入り口には、粗末だが骨組みだけのがらんとしたトタン屋根のでっかい建物があって、壁がわりに大量の衣類が架けられてた。そこは土産物屋で我輩一行にしつこく売り込んできたな。

概要から説明しよう。高昌故城は、トルファンの東南四〇㎞の所にある。今から二、二〇〇年ほど前の前漢が、高昌壁という所に屯田兵を置いたのが始まりだ。五世紀には、匈奴《きょうど》という民族の末裔が高昌国を建てた。その後、麴氏など漢民族を王とする四つの高昌国が出来たが唐代に滅亡した。その後は回鶻《かいこつ》人がまた国を建てたが、十三世紀中頃に戦乱に合い、高昌城は落城し、廃墟化してしまったんだ。

高昌城は三重の城から成っていて、外城は周囲五㎞で方形になってる。内城は時代が下がって出来たものだ。ここには、唐の時代に玄奘法師がインドへ経典を求めに行く時立ち寄ったそうだ。高昌国の麴文泰は手厚くもてなし、仏教の講義を受けた。王は感動してインドへは行かず、ここに留まってほしいと頼んだが、玄奘の意志は堅かったので、王は、金銀や馬をはなむけに贈ったという話が残ってる。玄奘がインドからの帰り道に再び立ち寄った時には、高昌国は亡びてしまっていたそうだ。その後は、回鶻人が建国することになる。

故城の中心部へ行くにはロバが引く馬車に乗って行くんだ。馬方が荷台に敷いた毛布の上で横になって客待ちをしてたな。五～六人で一台の馬車に乗る。日を遮るものは幌のみだ。砂ぼこりのなか黙黙と進んだ。調子の悪いロバは後から来たのに抜かれてしまう。途中寺院の跡や住居跡だと説明されるが、この状況からは想像しにくいな。

高昌故城の一角

石窟寺院・火焰山・灌漑施設

新疆《しんきょう》には、仏教遺蹟がうんとあるんだ。今のところ一六の千仏洞が発見されてるが、そのほか保存状態のいい洞窟は五〇〇以上あるそうだ。

高昌故城から二〇㎞離れた所に、ベゼクリク（柏孜克里克）千仏洞っていう石窟寺院がある。今、新疆一帯はイスラム教だが、元々は仏教の世界だったんだ。仏教は、一世紀に新疆へ伝わった。そして、新疆全域に広がり、十五世紀頃まで盛んだった。つまり、ウイグル族の祖先は仏教徒だったんだ。それが、十五世紀にイスラム教が入ってくると、改宗してモスレムになってしまったわけだ。

このベゼクリク千仏洞は、火焔山の木頭溝っていう谷の西側の崖の上にある。七七の石窟中、四〇の石窟に仏教壁画がある。何度も人為的な破壊に遭ってるが、今残ってるのは、古代の宗教、美術、あるいは文化交流の歴史を研究する上で貴重な資料らしいんだ。

前号でも言ったが、この千仏洞は、六世紀の高昌国の時に作られた。そして、漢民族支配下の九世紀中頃に最も栄えたんだが、麹文泰《きくぶんたい》王の時に一度滅んだ。

その後、回鶻《かいこつ》族すなわちウイグル族が再び建国するわけだが、その時になってこのベゼクリク千仏洞は、回鶻国王の王家の寺となったたってわけだ。

ところで、火焔山という名前は、どっかで聞いたことがあると思わないか？　そうだ、西遊記に出てくる舞台の一つだ。西遊記は、言うまでもなく玄奘法師が白馬になった竜に乗って、猿の孫悟空、豚の化け物猪八戒、河童の沙午浄を伴って、インドへ経典をとりに行く物語だ。

九九八十一《はちじゅういち》の災難に遭いいろんな妖怪と戦う。そんな道中、火焔山の傍を通りかかるんだ。赤い山肌は燃えるようだったと表現されてるが、それは、山肌が浸蝕されて波立ってるから、猛暑の中で燃えてるように見えるんだろう。

何しろ、ここは「火州」の名の通り、中国で一番暑い地方だ。気温が四〇度を超す日が四〇日以上続く。地表温度は八二、三度になったこともあるそうだ。そんな時、山肌が燃えるように見えることもありそうな気がするな。

親愛なる孫悟空は、羅刹女・牛魔王から芭蕉扇をだまし取って、この火焔山の炎を鎮めたんだっけな。

意外なことに、この火焔山のふもとは、オアシスになってて水は豊富なんだ。地下に浸み込んだ天山山脈の雪解け水を、暗渠を掘って導き、地表に出してるんだ。これを地元では、カレーズと言ってる。

地表に出て明渠を通った水は農地を潤すんだ。暗渠にしてあるのは、蒸発を防ぐためだ。二〜三〇mおきに、土掘りと通風のための竪穴が掘ってある。これが飛行機から見た不思議な光景だったんだな。降水量より、蒸発量の方が多くても人里がある理由が解ったよ。

火焰山をバックに写す

葡萄棚の下 大理石の道を歩く

カレーズは、天山山脈の伏流水を利用した灌漑施設だ。砂漠の中で地下水が湧き出した所はオアシスだ。草木が茂り、野菜類も育つ。つまり、砂漠の中で緑の島を成してるんだ。

中国では、これを「緑州」と言うんだ。我輩一行の泊ったホテルは、緑州賓館って名前だったな。

トルファンは、葡萄の名産地だが、それもカレーズの水のお陰だ。秋になると、この一帯は葡萄がたわわに実るんだ。人々は収穫の喜びを歌や踊りで表わすんだ。観光客もそれを見て楽しい気分になれるってわけだ。

葡萄は、アメリカ原産のものと、中央アジアや近東原産のものがあるようだ。中国へ伝わったのは、「史記」によると、前漢の紀元前二世紀頃、張騫《ちょうけん》という人が西域の大宛国から持ち帰ったのに始まるそうだ。そして、ここトルファン地方では、高昌国の頃、葡萄酒が生産されたとある。

唐代の僧玄奘法師が、高昌国を通った時、谷の水を飲んでひと休みし、途中で手にした葡萄を食べたそうだが、その時の種が根をおろして、今のような葡萄王国になったって話も残ってるな。

緑州賓館はイスラム建築風の建物だ。入口の前面には、白い六本の角柱で支えられたドームがあった。柱や壁、天井は白が基調で、緑と青、茶がほどよく使われていたな。回教圏らしい雰囲気だ。

ホテルの門から出ると、大理石の広い道路だった。ざっと見たところ、その中は一二mはあったな。そして柱を建て、鉄骨で葡萄棚が道路を跨いで造られてた。道路の両側は、二m巾位の葡萄の樹の植え込みがあり、更にその外側には二mの石敷きの道路、そして、その外側にも、巾は狭いが、葡萄棚の通路、更に更にその外側にも建物に面する道路があるって構造だ。

　秋には葡萄のトンネルが出来て見事な光景が出現するってわけだ。写真でよく見るトルファンの葡萄棚はここだったんだ。それにしても、大々的に思いきった物を造るな。これなら人の目を引く力は充分ある。千葉県もこれ位のことをしなけりゃだめだな。

　翌朝、まだ暗いうちに起きて、一人でこの道を歩いてみたんだ。何しろ、延長四、五㎞もあるっていうから大したもんだ。早いうちから、けっこう人が歩いてた。交差する広い道も交通量はそこそこにあった。夕べ賑ってた夜市の屋台が、人もなく佗しく感じたな。パッと花火が開いたような装飾灯も骨組みだけで、色けがないと興ざめだ。

　後向きで歩いている人がいた。真似して歩いてみた。しばらく行ったら、空が急に回転した。石に踵をとられて仰向けに倒れたんだ。誰も見てなかったからよかったな。この道は往復四十五分位だった。だから実際は一・五㎞位なんだろう。

カレーズ

葡萄農家を訪ねる

今日は葡萄を作ってるウイグル族の農家を訪問するんだ。バスは郊外の農家を目指して走った。ビルの建ち並ぶ街道を通り、両側高い並木の道を通り、だんだん田舎っぽくなってきたな。モスレムの人達が道端で立話をしてた。アメリカでイスラム系による同時多発テロがあって、間もない時だったんだが、誰もそんなことは関係ない、といった風な平和な感じだったな。

農家に着いた。煉瓦塀に囲まれた広い敷地の家だ。煉瓦造りの門をくぐると、イスラム建築の家があった。前庭は家の庇に丸太をかけ、庭中いっぱい葡萄棚を張りめぐらせてあった。よく見ると、煉瓦塀に沿っても棚はあった。つまり、葡萄の実が熟れるころは、葡萄の中に潜って生活することになるな。

建物の前面は、一・五m間隔に柱が並んでいて、その間を継ぐ梁の部分は、アーチ状になってる。その内側は廊下で、更に内部は部屋なんだが、低い仕切りがあるだけで、開放的になってるんだ。

この辺を代表する農家なんだろう。年老いた恰幅のいい夫婦が出迎え、広いホールに案内してくれた。壁には、天井から床に達する波型模様の白いレースのカーテンが吊るされてた。周恩来や江沢民も来たことがあるということで、その時の写真も飾ってあった。

我輩一行が来るとあって、前もってご馳走が準備されてた。綺麗なクロスを敷いたテーブルがコの字形に並んでて、その上に葡萄や見たこともない菓子が並んでたな。菓子を食い、お茶を飲みながら、主人の説明（といっても自慢話）を聞き、通訳を介して二語三語交わして会談は終わってしまったんだ。最後に記念写真を撮って訪問は終わった。この写真は、いずれ後から来る日本人旅行者が見ることになるんだろうな。

吐魯番《トルファン》市の郊外には、蘇公塔《そこうとう》って名前の塔がある。外見は円柱形で、上部の方が細くなってる。高さは三七mある。ちょっと見は巨大な煙突って感じだ。一七七八年に建てられたそうだが、当時吐魯番郡の王だった蘇来満が父親の額敏を記念して建てたものだってことだ。ウイグル風の建築様式で塔の表面は、菱形、波、山花など十五の模様がつけられてる。塔に並んでイスラム教堂がある。礼拝堂の中で現地のガイドは、イスラム式の葬式の出し方を説明してくれたんだ。イスラムの人たちは、一生のうち、風呂に入るのは三回だそうだ。生まれた時、結婚する時、そして死んだ時だ。死体の処理方法について、こと細かに説明してくれたんだが、生々しくて聞くに耐えなかったな。

ホテルでの晩めしの時、ウイグル族の歌と踊りが披露された。八人の男女で、男は白のダブダブの上下に緑のガウン、女は赤が基調の薄いワンピースを着てた。男も女も、頬紅を塗ってたから妙に艶っぽかったな。

葡萄農家で説明を聴く

バスでウルムチへ向う

旅も終りに近づき、いよいよ最終目的地のウルムチへ向けて出発だ。

朝早く発って、荒地の中の道をバスで進むんだ。周りは木の生えてない岩が剥き出しの山だけだ。それでも道路は舗装されてて、上下各二車線あったな。でっかい箱形のコンテナみたいなものがいくつも並んでるのに出くわした。干し葡萄を作る乾燥小屋だってことだ。飛行機の上から見えたのは、これだったたんだ。

料金所があった。この道は有料道路だったんだ。道路脇には、時々川が現れる。河原は砂利だ。殺風景だ。右手に列車が通るのが見えた。長い連結だ。遠くだからよく分からなかったが、客車と貨車の混成だろうな。そのずっと奥には、雪を被った天山山脈が見える。天気がいいから綺麗だったたな。

バスは休憩所に着いた。平屋建の長い建物だった。旅館を兼ねてたな。建物の前には、最近亡くなった「王洛賓」という男性音楽家の胸像があった。この地を代表する音楽家だったんだろうな。記念に彼のCDを買って帰った。音楽のことはよく分からないが、あとで聞いてみたら、いい声だったたな。

バスは出発した。ここから天山山脈を越えることになる。いよいよ天山北路に入るわけだ。暫く走ってウルムチが近くなった頃、突然目の前に風車の林が見えた。風力発電用の風車だ。ウルムチへ電力を供給するためのものだろう。最近、我国でも風力発電は普及しつつあるな。それにしても、何百基あるか知らないが壮観だったたな。

ウルムチの街が見えてきた所で昼食になった。

食後は、ウルムチへは向かわず、「天地」という湖を見に行くことになったんだ。山道を登って行くと、ところどころ木立ちの中に、白いパオが見えてきた。カザフ族の住居だ。彼らは遊牧民で、年四回、四季ごとに移動の生活をしてるようだ。旅行客が泊まれる観光用のパオもあるってことだった。

目的地の天池に着いた。湖は山に囲まれた中にあった。太古の昔、氷河が溶けて出来たって話だ。ここは海抜一、九〇〇mある。細長い半月形の湖で五・九㎢の広さがある。夏でも寒くってコートが必要だ。対岸には、万年雪を頂く霊山ボグダ峰が輝いてたな。ふと、カナダのレイク・ルーイーズを想い出した。誰かが、ヨーロッパのアルプスにも似てると言ってたな。雪山と澄みきった青い水、森林の緑の中に赤い屋根、非常に綺麗なコントラストだ。この景色を称えて、我が市川市とも縁の深い郭沫若は「天池の水は硯に納めた墨のように見える。周りの森の木々は立っている筆先のようだ」と表現したんだ。

遊覧船で湖を一周してみた。寒くてコートの襟を立てなきゃならなかったな。

美しい天池＝遊覧船から

砂漠の大都会ウルムチ

ウルムチは新疆ウイグル自治区の首都で、人口一〇〇万人、砂漠のオアシスに開けた大都会だ。

高層ビルが建ち並び、舗装された広い道路が四通八達してる。街路樹が植えられたメインストリート。ロータリーもある。遠くは雪を戴いた連山に囲まれてる。青空の下、空気も澄んでるな。

郊外には、真っ黄色に色づいた高木の並木道があったり、油絵から抜け出したような所もある。ウルムチとは、ウイグル語で「美しい牧場」って意味なんだ。

ウルムチは、地球上で海から一番遠い奥地にある。また、中国でも一番西の方にある。東の北京とは、時差が二時間ある。ところが、中国国内では時差が設定されてないので、ここでは北京時間のほかに、ウルムチ時間が併用されてるんだ。つまり、北京の正午はここでは、午前十時ってわけだ。

ホテルに入る前に、バザール（市場）を見に行った。「友好市場」と書かれた建物の中は一面売店が目白押しに並んでたな。建物と思ったが側だけが壁で、天井は細い鉄骨が組まれた上にテントが張られているだけの粗末なものだったな。

羊の肉、パン、香辛料、飲み物。シシカバブーも焼いてた。刃物が有名だっていうから、ナイフを一本買った。家に持って帰ったが、どうしたわけか臭くて使える代物じゃなかったな。

夕めしは、この旅初めての日本食だ。刺し身、焼き鶏、おでん、サラダなんか食ったが、我輩は「郷に入ったら郷に従え」の方だ。それに、あまり旨くはなかったな。

食後、男たちが五人連れだって、ウルムチの繁華街を歩いてみた。ビルや街灯の灯も明るくて、東京の一角と変わらなかったな。この電力は、昼間見た風力発電に頼ってるのだろう。東京と違うのは、物乞いが多かったことだ。中には、足の悪い身障者の方が、ローラーの付いた板に腹這いになって、手で漕ぎながら必死に訴えてるのにも出くわした。やりきれなかったな。戦後の東京にも似たような光景があったが、繁栄の表裏を見るようだったな。

ぶらぶら歩いてたら、イスラム料理の店があった。狭い入口から中へ入ってみたらガラン堂で何もなかった。だが、よく見ると正面の壁の両側に階段があって、下に降りられるようになってたんだな。下は料理店の佇いだった。モスレムは、酒は禁止だからこんな造りになってるんだろう。

炒め物など五品の皿料理と、ビールを二本注文した。合計三二元(四八〇円、一人当り九六円)。旅の終わりに安い食事をしたな。

バザールで

編集後記

京葉タイムス

最後に、中国旅行記を連載するため、紙面を割愛して下さった盟友、行徳ニュース社（京葉タイムス）の山口　茂社長に深甚なる敬意を表します。

「行徳ニュース」は二十数年前、「京葉タイムス」と新聞の名称を変えましたが、その時、山口社長は題字の揮毫を私に託しました。浅学菲才を省みず、分別不十分なまま書いてしまった思いが払拭できません。

このたび、本著発刊に当たっては、山口社長の寛大なご理解を頂きましたことに、厚く感謝申し上げます。

近藤 喜久夫 経歴

昭和16年6月8日	市川市相之川に生まれる 南行徳小、南行徳中、県立千葉高を経て、中央大学法学部法律学科卒業
昭和40年3月	京成電鉄株式会社入社 (自動車、人事、経理、不動産部門等歴任)

【政治歴】

衆議院議員	川島正次郎先生主宰の交友青年政治連盟に於いて学ぶ
昭和50年4月	市川市議会議員に当選(33歳)爾来5期務める 市議会議長、総務常任委員長、決算審査特別委員長などに就任
平成7年4月	千葉県議会議員に当選(53歳)現在3期目
以　後	土木常任委員会委員 警察企業常任委員会副委員長 都市水道常任委員会委員長 農林水産常任委員会委員長 総合企画総務常任委員会委員 総務常任委員会委員 県土整備常任委員会副委員長 決算審査特別委員会委員 議会運営委員会委員 三番瀬問題特別委員会副委員長 千葉県議会史編さん委員会委員 議会図書室運営委員 自然環境保全審議会委員 千葉県国土利用計画地方審議会委員等に就任

【政党歴・千葉県議会議員就任後】

自由民主党市川市支部

副支部長、相談役

自由民主党千葉県支部連合会

総務委員、交通問題特別委員会副委員長
政務調査会副会長、三番瀬問題検討委員会委員長
自由民主党千葉県議会地球環境問題対策議員連盟会長

【その他主な経歴】

保護司・明治神宮崇敬会市川行徳支部長・浄土宗西光山源心寺総代・立正佼成会会員・千葉高同窓会東京葛城会副会長・学校法人塩浜幼稚園理事長・行徳ライオンズクラブ会長・ボーイスカウト市川6団育成会長・市川しおさい海洋少年団育成会長・行徳ラジオ体操会名誉会長・市川市日中友好協会顧問・市川市剣道連盟葛南地区顧問・葛南野球連盟顧問・葛南少年野球連盟顧問・行徳少年野球連盟顧問・葛南民謡民舞連合会顧問・市川宅地建物取引業協会顧問・行徳不動産業研究会顧問・葛南盆栽愛好会顧問・市川市南倫理法人会顧問・各種ゴルフの会顧問など

空手四段(大学空手部で取得)

参考文献

中国の歴史・全集／（講談社）
中国歴史紀行／陳　舜臣（学習研究社）
日本大百科全書2001／（小学館）
書の歴史／榊　莫山（創元社）
中国人物史100話／林　亮（立風書房）
中国歴史人物図鑑上・下／三上　修平・他（株式会社光栄）
漢詩の名句・名吟／村上　哲見（講談社）
三国志／吉川　英治（講談社）
三国志新聞／三国志新聞編集委員会（日本文芸社）
諸葛孔明／林田慎之介（集英社）
中国名勝旧跡事典／（ぺりかん社）
中国著名風景名勝旅游大観／（中国地図出版社）
チベット旅行記／河口　慧海（講談社）
都江堰市／（四川美術出版社）
中国・ハイラル／（外文出版社）
中国・漠河／（漠河県旅游局）
黒河史話／祁　学俊（黒竜江人民出版社）
古都西安／（外文出版社　北京）
シルクロード／（人民中国出版社）
中国・シルクロード／（ラテラネットワーク）
敦煌／井上　靖（新潮社）
敦煌／（中国環境科学出版社）
政治を導く思想／安岡　正篤
八丈島誌
地球の歩き方　中国／（ダイヤモンド社）
詳解世界史年表／平原　光雄（山川出版社）
中華人民共和国地図／（中国地図出版社）
中華人民共和国地図／（星球地図出版社）

我輩氏のニーハオ中国Ⅱ

2006年11月5日　初版発行

著　者
近藤 喜久夫

発行／発売
創英社／三省堂書店
東京都千代田区神田神保町1-1
Tel：03-3291-2295
Fax：03-3292-7687

印刷／製本
三省堂印刷

本書による収益金は、環境保護団体の財源の一部といたします。

ISBN-4-88142-289-8 C0095